용 재 수 필
사회·문화

용재수필_사회 · 문화

지은이 홍매
옮긴이 임국웅
감   수 김승일
펴낸이 안용백
펴낸곳 (주)넥서스

초판 1쇄 발행 2003년 11월 1일
초판 7쇄 발행 2007년 11월 30일

2판 1쇄 발행 2010년 12월 15일
2판 2쇄 발행 2010년 12월 20일

3판 1쇄 인쇄 2016년 8월 25일
3판 1쇄 발행 2016년 8월 30일

출판신고 1992년 4월 3일 제311-2002-2호
04044 서울시 마포구 양화로 8길 24(서교동)
Tel (02)330-5500 Fax (02)330-5556

ISBN 979-11-5752-890-5 04320

이 책은《경세지략》의 개정 분권입니다.

www.nexusbook.com
지식의숲은 (주)넥서스의 인문교양 브랜드입니다.

용재수필 ── 사회·문화

동서고금을
넘나드는
세상과 나를
경영하는
지혜의 보고,
읽으며 나를
바꾸고 본 바를
실천하라

홍매 지음 · 임국웅 옮김 · 김승일 감수

지식의숲

지혜의 숲을 여행하기에 앞서

1976년 8월 26일. 장소는 중남해.

　모택동은 병에 시달리는 몸을 겨우 운신하며 늘 그랬던 것처럼 서재로 들어왔다. 그리고 그는 《용재수필(容齋隨筆)》을 보고 싶다고 말했다. 그런데 공교롭게도 며칠 전에 책장을 새로 정리한 탓에 서재에서 일하는 사람들이 그 책을 제때에 찾아내지 못했다. 그들은 부랴부랴 발길을 돌려 북경 도서관을 찾아갔다. 그리고 그곳에서 두 묶음으로 된 명대 각인본 《용재수필》 18권을 빌려 왔다.

　8월 31일, 안질 때문에 눈이 나빠진 모택동이 읽기 편하게 큰 글씨로 확대한 《용재수필》을 포함하여 그가 애독하던 책 몇 권을 함께 중남해로 보내왔다. 그러나 그때는 이미 모택동의 병이 골수에 미쳐 독서를 할 수 없게 된 때였다. 그러다가 9월 9일 모택동은 결국 세상을 떠났다.

《용재수필》, 이 책은 모택동이 생전에 마지막으로 보려 했던 책이다.

모택동은 새로 인쇄한 큰 글씨로 된《용재수필》을 보지 못했다. 그러나 그에게는 그다지 유감스런 일은 되지 않았을 것이다. 왜냐하면 청조 건륭(乾隆) 59년(1794년)에 재판한 소엽산방판(掃葉山房版)《용재수필》이 모택동과 더불어 3, 40년을 함께 했기 때문이다. 그 기간에 모택동은 이 책을 몇 번이나 통독했는지 모른다. 임종이 가까울 무렵 모택동은 평생 애독하던 책이 생각나 다시 한 번 보려 했을 것이다.

모택동이 아끼던 그 책은 원래 연안 마르크스 레닌주의 연구원 도서실의 장서였다. 모택동은 그 책을 손에서 놓기가 아까워할 정도로 애독했고 아껴 왔다. 주변 여건이 아무리 괴롭고 힘들어도, 전쟁이 아무리 격렬하고 위급해도, 행군이 아무리 바빠도, 행장이 아무리 간소해도 이 책만은 잊지 않고 꼭 챙겼다. 생필품을 저버리고 다른 책들을 다 저버릴 수 있어도 오직 그 책만은 버리지 않던 것이다.

《용재수필》은 기적처럼 연안(延安)에서 서백파(西柏坡)로, 서백파에서 다시 북경까지 모택동과 더불어 중국 현대사에서 가장 중요하고 찬란한 여정을 헤쳐 왔다.

지금 이 책은 중남해에 있는 모택동의 옛집에 잘 보관되어 있다. 두 묶음의 서책으로 된 이 책에는 모택동이 연필로 표기한 동그라미·점·선 등이 갈피마다 숨 쉬고 있다. 글자 그대로 서림미담(書林美談)이라 하겠다. 이 책의 출처를 추적해 보면 이 책의 첫 기점이 얼마나 찬란했는지를 알 수 있다.

순희(淳熙) 14년(1187년) 8월, 삼복더위에 온몸이 타오르는 듯이 뜨거웠던 어느 날, 남송의 서울이었던 임안(臨按, 오늘날의 절강성 항주시)의 궁궐에서는 한림학사(翰林學士) 홍매(洪邁, 1123~1202년)가 황궁 내에서 한 시대를 풍미했던 명군 송효종 조신(趙慎)과 국사를 의논하며 대담을 나누고 있었다. 이 이야기 저 이야기로 한창 열을 올리던 중 송효종이 문득 색다른 이야기를 걸어왔다.

"요즘 과인이 무슨 재수필이란 책을 읽어 보았네."

홍매는 기뻐하는 얼굴로 일어나 넙죽 절하며 공손히 대답했다.

"황송하옵니다. 졸서는 소인이 지은 《용재수필》이라는 책입니다. 별로 읽을거리가 없사옵니다."

"아니오, 그 책에는 아주 좋은 의견들이 들어 있소이다."

송효종은 극구 칭송해 마지않았다.

홍매는 황급히 일어나 황제에게 절을 올렸다. 황제의 칭찬에 너무나 감읍했던 것이다. 홍매는 집으로 귀가하는 길로 그 영문을 알아보았다. 알고 보니 자신이 쓴《용재수필》을 상인들이 무주(婺州, 오늘날의 절강성 금화시[金華市])에서 각인 출판하여 임안으로 가져다 책방에 넘겨 팔았던 것이다. 마침 궁궐의 한 환관이 이 책을 샀고 그래서 그 책이 궁내로 흘러 들어가 황제의 손에까지 이르게 됐던 것이다. 이 책을 읽은 송효종은 못내 감탄을 금치 못하였다.

고대 왕조시대에 한 지식인이 쓴 책을 최고 통치자가 친히 어람 (御覽)한 데다가 그의 면전에서 칭찬까지 했다는 것은 더없는 영광 이었다. 이에 고무된 홍매는 그 뒤를 이어 계속해서《용재수필》과 《속필》을 펴냈다.

홍매는 남송 요주(饒州) 파양(鄱陽, 오늘의 강서성 파양현) 사람이다. 자는 경려(景盧)이고, 호는 용재(容齋)이다. 그는 사대부(士大夫) 가 문에서 태어났다. 그의 부친 홍호(洪皓)와 형님 홍적(洪適)은 모두 이름난 학자이자 관리였다. 홍적은 관직이 재상에까지 이르렀다. 송고종 소흥(紹興) 15년(1145년)에 홍매는 박학굉사과(博學宏詞科) 에 응시했고 진사에 급제하였다. 그후 그는 시골에서 지주(知州)로 지내다가 궁궐로 들어와서는 중서사인(中書舍人), 직학사원(直學士 院), 동수국사(同修國史), 한림학사, 단명전학사(端明殿學士)를 지냈 다. 그는 송고종·효종·광종·영종 등 네 명의 황제를 모시면서 79 세를 일기로 1202년에 사망했다.

홍매는 학식이 풍부하고 저술 또한 많았다. 그의 저서로는 문집 《야처유고(野處類稿)》, 지괴필기 소설《이견지(夷堅志)》, 편찬집《만수당인절구(萬首唐人絶句)》, 필기집《용재수필(容齋隨筆)》등 지금까지 전해지고 있는 저서들도 많다.

근면하고 매사에 해박했던 사대부 홍매는 평생토록 방대한 양의 도서를 섭렵하였다. 그러한 그에겐 독서할 때 필기를 하는 좋은 습관도 있었다. 독서하다가 문득 떠오른 생각이나 감상이 있으면 그 즉시 기록하였다. 이렇게 40여 년 동안 해온 독서와 기록을 정리하고 집대성한 것이 바로《용재수필》이다. 최초의《용재수필》은 5집 74권으로 되어 있었다.

《용재수필》이란 이 책의 명칭이다. 이 책의 체재는 〈수필〉, 〈속필〉, 〈3필〉, 〈4필〉, 〈5필〉로 나뉘어져 있다. 〈수필〉은 무려 18년에 걸려 쓴 것이며, 〈속필〉은 13년, 〈3필〉은 5년, 〈4필〉은 1년 남짓 걸려 완성된 것이다. 홍매는 〈5필〉을 쓰는 데 걸린 시간은 밝히지 않았다. 처음 계획은 〈5필〉을 16권으로 만들려고 했지만 이 작업을 다 하지는 못하고 10권까지만 완성된 상태에서 세상을 떠났다. 그가 〈4필〉의 서문을 쓴 시기는 송나라 영조 경원 3년(1197년) 9월이었다. 이렇게 보면 이 서문이 완성된 시기부터 그가 세상을 떠난 가태 2년(1202년)까지 5년이라는 시간이 있었는데, 이 기간이 그가 〈5필〉을 쓴 시간이 될 것이다.

40년이란 오랜 시간을 거쳐 대작 한 권을 만드는 일이란 당시의 입장에서 볼 때 결코 쉬운 일이 아니었다. 수없이 많은 책을 읽으면서 그 속에서 알짜만을 골라 편집하는 작업은 손으로 일일이 써야 하는 당시에는 고되고 오랜 노력을 필요로 했기 때문이다.

지금까지 정리해 온 송나라의 필기체 소설은 300여 부이다. 그 중에는 재미있고 훌륭한 작품들이 적지 않다. 그렇다면 그 많은 저작들 중에서도 왜《용재수필》만이 유독 당시 송효종의 칭찬을 받을 수 있었고, 700년 후 모택동이 애독하였던가?

그 원인은《용재수필》이 정치·역사·문학·철학·예술 등 제분야의 문제를 날카롭게 분석하고 비평한 수필 형식의 글이기 때문이다. 이 책은 고증·논의·기사를 중심으로 하여 쓴 것으로, 송나라의 전장제도(典章制度), 고대 3황5제 시기 이후의 역사적 사실, 정치적 풍운, 문단의 일화 등을 모두 섭렵하고 있다. 또한 이 책은 자료가 풍부하고, 문장의 격조가 높고 우아하며, 모든 사건에 대한 논의가 다채롭고 고증이 확실하다는 장점들을 구비하고 있다. 이런 장점이 바로《용재수필》이 수많은 다른 종류의 저작보다 탁월하다는 평을 듣는 요인이다.

《사고전서총목제요(四庫全書總目提要)》에서는 남송의 수필 형식의 글 중에서 이《용재수필》을 제일 처음에 기록하고 있다.

'이 책을 읽노라면 마치 책의 밀림을 산책하는 듯하고, 마치 책의 바다에서 수영하는 듯하며, 마치 역사의 제단 위에서 아래로 내려 굽어보는 듯하고, 또 마치 정계를 두루 살펴 시찰하는 듯하다.'

명조 시기 하남순무(河南巡撫)와 감찰어사(監察御使)를 지낸 요한(姚翰)이 홍치 11년(1498년) 10월 16일 이 책을 평론한 한 단락을 소개하면 다음과 같다.

이 책은 사람들에게 선(善)을 권하고 악(惡)을 버리도록 경고하고 있으며, 사람들을 기쁘게도 하고 경악하게도 한다. 이 책은 사람들의 견문을 넓혀 주고, 옳고 그름을 판단할 수 있도록 일깨워 주며, 의심을 해소하고 사리를 밝게 하도록 한다. 이 책은 세속을 교화시키는 데에도 도움을 많이 준다.

나는 이 책을 읽은 후 마음과 시각이 넓어졌고 정확한 도리가 무엇인지를 확실히 이해할 수 있게 되었다. 마치 용재와 함께 황궁 내에 있는 명당에 온 듯 심중의 누각이 사통팔달하는 느낌이 들 정도이다. 다만 애석한 일이 있다면 이 책이 아직 널리 알려지지 않았다는 점이다.

사람마다 이 책을 읽고 집집마다 이 책을 두면 얼마나 좋을까 하는 마음에서 내가 아는 한 사람에게 부탁하여 이 책을 각인하고 인쇄하게 함으로써 비로소 천지사방에 널리 전파할 수 있게 되었다. 또, 제대로 알지 못하면서 아는 척하고 고고한 척하는 군자들에게는 좀 더 내면적으로 풍부해지고 충실하게 해줄 수 있을 것이다. 사물의 도리를 연구하고 진정한 지식을 추구하는 사람들이라면 이 책을 통해 천하의 도리를 궁극적으로 밝혀낼 수 있을 것이다.

　우리는 모택동이 이 책을 두고두고 통독하면서 어떤 천리(天理)를 습득했는지는 알 수가 없다. 그러나 그가 이 책을 통해 많은 것을 얻었을 것임은 분명하다. 백 번을 읽어도 싫증이 안 나는 이 책은 한 사람이 성장하는 데 그의 사상과 행동에 커다란 영향을 주리라는 것은 당연하다고 본다. 이상에서 살펴본 바와 같은 사실들을 알고 있는 우리는 이 책을 많은 독자들에게 소개하려고 생각에 생각을 거듭해 왔다. 견식을 넓히든가, 소질을 높이든가, 혹은 전통문화를 이해하든가, 혹은 모택동을 알려고 하는 사람들에게는《용재수필》이 크게 도움이 될 것이다.

　보통의 독자는 학술적 면이 깊은 이 책을 읽을 때 두 가지 장애에 부딪히게 된다. 하나는 문장이 고문(古文)이기 때문에 난해하다는 것이고, 다른 하나는 무미건조하게 느껴질 것이라는 점이다. 따라서 이 책을 현대어로 번역하고 문장상의 난해한 부분을 약간 쉽게 첨언하여 읽기에 편하게 하려고 노력하였다. 고전을 현대어로 번역할 때는 그 의의를 학술성에 두기보다 보급하는 데에 중점을 두어야 한다는 것을 이해했으면 한다. 따라서 우리는 아래 몇 가지 방법을 통해 이 책의 번역을 더욱 충실히 하고자 했다.

첫째는 선별 작업이다.

《용재수필》은 전 책이 15권으로 그 글자 수는 50만여 자나 된다. 이것을 모두 현대어로 번역한다면 적어도 150만여 자가 될 것이므로, 그 양이 너무 많게 되고, 또 반드시 그럴 필요는 없다. 왜냐하면 어떤 글은 너무 편협하고 어떤 글은 별로 가치가 없으며, 어떤 글은 너무 난해해서 도무지 현대어로 번역하기가 어렵고 억지로 옮겨 놓으면 본문의 뜻이 와전되는 경우도 있고 그 형식미를 잃기도 하기 때문이다. 이러한 사항을 염두에 두고 우리는 중요한 부분만을 엄선하기로 하였다. 여기에 선택하여 채록한 글들은 모두가 가장 대표적인 작품이어서 본서의 전 면모를 충분히 개괄하고도 남는다고 생각한다.

둘째는 편성이다.

독자들의 독서 구미에 맞추어 직역(直譯)과 의역(意譯)을 상호 보완하면서 문장의 흐름을 맞추어 놓았다. 수필 형식의 이런 작품은 역사 서적과는 다르기 때문에 기사의 앞뒤와 그 세부적 내용이 종종 맞지 않는 경우가 있다. 이것은 그 문체가 극히 간략하기 때문이다. 옛 사람들이나 전문가, 혹은 학자들이라면 한 번 읽어 곧 그 뜻을 알 수 있지만, 일반 독자들은 무슨 뜻인지 오리무중에 빠지기가 일쑤다. 이 점을 고려해서 우리들은 적당히 다른 책들을 참작하여 꼭 필요한 사실에 한해서는 보충 설명했다. 또 어떤 글은 해설을 첨가하여 쉽게 읽을 수 있도록 편성하였다. 그리고 이 책의 순서도 새로 편집했다. 즉 원문의 권편(卷篇)에 따라 분류한 것이 아니라 내용에 따라 새로 분류하여 편집한 것이다. 그리고 제목도 새로 달았음을 아울러 밝혀 둔다.

비록 이 책을 10여 년이나 읽었지만 이번 번역을 통해 또 한 차례 전통문화와 역사를 새롭게 인식하게 되었으며, 많은 지식을 더 넓힐 수가 있었다. 많은 애독자들도 이러한 느낌을 같이 가졌으면 편역자로서 더 없는 기쁨이 될 것이다.

차
례

지혜의 숲을 여행하기에 앞서 · 4

계란으로 바위를 치려다 망하는 신세가 되다 · 18

역사에 빛나는 여인의 매서운 기개 · 22

거짓이 적으니 호칭이 자유롭다 · 33

협박을 인의로 대한 것은 신용이 통하는 사회였기 때문이다 · 36

누구도 공자의 진심을 알아주지 않았다 · 39

오래 갈라져 있으면 합치게 되고 오래 합쳐 있으면 갈라지게 된다 · 44

장량과 비교해 범증을 과연 인걸이라 할 수 있겠는가 · 47

조조는 왜 양표를 죽이지 않았는가 · 51

폭군도 시대를 잘 타고나야 욕을 덜 먹는다 · 54

명성을 들여다보니 역신이로구나 · 67

충신은 허명이고 실제는 군벌이었다 · 71

한 나라의 수도가 불에 타다 · 73

社會
文化

읽을수록 새로운 고전(古典)의 향기와 맛 · 75

치욕도 잊고 새 왕조의 벼슬을 탐하다 · 77

사람의 흥망성쇠 하늘의 뜻에 달렸다 · 80

기회조차 주어지지 않으니 실로 원통하구나 · 83

남의 칼을 빌려 사람을 죽이다 · 87

권세에 눈이 멀면 위태로움을 보지 못한다 · 96

'수재(秀才)'란 명칭의 유래 · 101

용하다고 하여 관상가의 말을 다 믿어야 하는가 · 104

간신 아비에게서 충신 아들이 나다 · 108

틀에 박힌 공문서라도 검토가 필요하다 · 113

견문이 좁으면 모든 것이 신기해 보인다 · 116

명주 천에 전공을 기재하여 황제에게 올리다 · 118

궁전의 가름대를 갈지 않아 충정을 표창하다 · 121

글 읽는 선비들이 가장 부러워하는 광경 · 124

나이를 늘리고 줄이는 이유 · 127

청렴결백하게 관청을 개수하다 · 130

나를 생각하는 여인이 있어 그만 재채기가 나오네 · 134

하백이 아내를 맞이하다 · 136

쓸데없는 금기로 스스로를 얽메다 · 140

'4해'란 사실 '하나의 바다'이다 · 144

지명(地名)의 음양 · 145

황실의 사치와 화려함이 폐단을 낳다 · 147

양주(揚州)의 번영과 쇠락 · 150

선경(仙境)을 유람하다 · 154

많은 사람들을 굶주림에서 지켜 준 야생초 · 157

'한식절'의 유래 · 160

시체 태우는 것을 가장 큰 치욕으로 여기다 · 164

관습이 되어 비정상을 정상으로 여기다 · 167

자신의 운명은 예견하지 못한다 · 169

社會
文化

편액에 길흉이 담겨 있다 · 170

듣기만 해도 모골이 송연한 가혹 행위 · 172

친구들이여, 서로 믿고 의지하라 · 174

오른 후엔 내려가야 하는 법, 인생의 5단계 · 177

일상생활로 돌아오면 나는 언제나 나다 · 180

의(義)로 명명한 사람과 사물 · 182

세상 모든 만물은 시간에 따라 변화한다 · 184

아무도 때려잡지 못하는 여우와 쥐의 '복' · 186

처한 위치에 따라 현명함의 여부가 갈라진다 · 187

까마귀가 길흉(吉凶)을 알려준다 · 189

큰일은 오로지 남자만 하는가 · 193

학생이 스승에게 예물을 바치다 · 195

공리만을 추구하다 신령을 모독하게 되다 · 198

좋은 일만 보고하고 나쁜 일은 숨기다 · 202

계란으로 바위를 치려다 망하는 신세가 되다

기원전 597년 겨울, 초나라의 장왕(莊王)이 소(蕭)나라를 침공하였다. 당시 소나라에서는 초나라의 대부(大夫) 웅상의료(熊相宜僚)와 공자(公子, 귀한 집의 나이 어린 자제) 병(丙)을 억류하고 있었다. 경거망동했다가는 두 인질이 살해당할 우려가 있어 초의 장왕은 소나라 왕에게 먼저 편지를 띄웠다.

"귀국에서 웅상의료와 공자 병을 살해하지 않으면 우리는 즉시 철수할 것을 약속한다."

그러나 소나라는 초나라의 요구를 받아들이지 않고 결국 두 인질을 죽여 버렸다.

"약소국가인 소나라가 강국인 우리 초나라의 요구를 감히 거절하다니, 나아가 초나라의 두 대부를 살해까지 하다니, 당치도 않구나!"

장왕은 노발대발하여 즉시 소나라 도읍을 포위하였고, 얼마 지나지 않아 소나라는 초나라에 의해 멸망되었다.

초나라가 거나라를 토벌할 당시 거나라에서는 초나라의 공자 평(平)을 인질로 삼고 있었다. 그러자 초나라는 거나라로 사절을 보냈다.

"귀국에서 공자 평을 살려 주면 우리도 생포한 거나라의 포로들을 돌려보낼 것이다."

그러나 거나라도 초나라의 요구를 거절하였고 공자 평을 살해하였다. 초왕은 대노하여 그 즉시 거나라를 토벌하게 하였다. 초군의 거침없는 몰아붙임에 기가 죽은 거군은 무기를 팽개치고 뿔뿔이 도망치고 말았다. 초군은 승승장구하면서 북상하여 운성(鄆城, 지금의 산동성 이수 북쪽)을 점령하였다.

기원전 589년 봄에 제(齊)나라가 노(魯)나라를 공격하였다. 제나라군은 노나라의 북부 요새인 용성(龍城, 지금의 산동성 태안시 남쪽)을 물 샐 틈 없이 포위하였다. 제나라 경공(頃公)은 자신이 아주 두텁게 신임하는 대신 노포취괴(盧蒲就魁)에게 군사 지휘권을 맡겼다. 그런데 첫 접전에서 제나라가 패전하였고 총지휘관 노포취괴마저 노군에 생포되었다. 제의 경공이 부랴부랴 용성으로 사절을 파견하였다.

"제발 노포취괴 대감만은 죽이지 말아 주십시오. 아국은 귀국과 강화조약을 맺고 즉시 철군하겠습니다. 다시는 귀국의 영토를 침범하지 않을 것을 약속합니다."

그러나 용성의 노군 사령관은 경공이 제시한 조건을 받아들이지 않았다. 더구나 그들은 노포취괴를 살해해 버렸다. 뿐만 아니라 그의 시체를 성벽 위에 걸어 놓기까지 했다.

사태가 이 지경에 이르자 경공은 분노를 억누르지 못했다. 그는 친히 군사를 이끌고 용성을 공격했다. 제군은 사기가 충천하여 사흘 만에 마침내 용성을 함락하였다.

제나라와 초나라는 당시 가장 강대한 국가였다. 이 두 나라는 땅이 넓고 물산이 풍부하여 군사력도 그 어느 나라보다 강대하였다.

이와 비교할 때 거나라는 국토가 손바닥만 한 소국에 불과하였다. 그리고 소나라는 송(宋)나라의 부속국이었으며 용성은 노나라 변경에 위치한 자그마한 읍에 불과했다. 강대한 적군이 대거 침공했을 때 요행히 적군의 장군 한두 명을 생포한 것이 전쟁의 전반적인 국면을 승리로 이끄는 요소는 아니다. 이때 강대한 적군이 생포한 사람들을 송환하는 것을 조건으로 철군할 것을 약속한 것은 커다란 양보가 아닐 수 없다. 약소국들이 자신의 힘과 대적 능력을 무시하고 상대방의 요구를 거절하였기에 그 결과 상대방의 분노를 일으켰고 마침내 망국의 비참한 결과를 자초하고 말았던 것이다. 이는 크나큰 실책이 아닐 수 없다.

《좌전(左傳)》은 자산(子產, 춘추시대 정(鄭)나라의 명재상으로 성문법(成文法)을 제정하고 탁월한 외교로 이름을 떨쳤다.) 이 작은 나라의 명재상이라고 했으니, 가령 자산이 이런 상황에 처했더라면 그는 문제의 매듭을 잘 풀어나갔을 것이다.

역사에 빛나는 여인의 매서운 기개

고대에는 여인들이라 하면 성격이 온순하고 안방에서 가사에 전념하는 것을 미덕으로 여겼다. 이러한 고대 여인들은 비참한 일을 당하게 되면 상심의 눈물을 흘릴 뿐이었고 어려운 일에 봉착하면 어찌할 바를 몰라 발만 동동 구를 뿐이었다. 또 사람이 죽으면 겁부터 먹고 낯색부터 새파랗게 질렸다. 이러한 여성들을 고대에는 현모양처라 하였다.

그러나 역사상에는 현모양처뿐 아니라 사내대장부와 다름없는 여성들도 적지 않았다. 그녀들은 대의명분을 지켜 사사로운 감정에 구애받지 않았고, 슬기로운 지혜와 방법으로 대사를 결정하고 어려운 난국을 타개하며, 죽음을 두려워하지 않고 선뜻 나섰다.

전국시대(戰國時代) 때 제(齊)나라가 연(燕)나라에게 형편없이 대패하였다. 제의 민왕(泯王)은 황급히 수도를 버리고 피난을 갔다. 왕손가(王孫賈)가 제의 민왕을 수행하여 함께 도읍을 빠져나갔다. 그런데 연군의 추격에 얼마나 다급했는지 왕손가와 민왕은 서로 갈라지게 되었다. 왕손가는 갈 곳이 없어 집으로 돌아왔는데 이를 본 그의 어머니가 그를 꾸중하였다.

"나는 매일 네가 조정에 나갈 때면 대문 어귀에서 네 뒷모습을 바라보았다. 그리고 저녁 무렵 네가 귀가할 때면 또한 매일 대문 어귀에 나가 너의 귀가를 기다렸다. 그런데 너는 제왕을 수행하면서 그와 헤어지고 혼자 돌아오다니 웬 말이냐? 아무리 제왕이 행방불명이라 하더라도 세상 어디에 그런 도리가 있단 말이냐!"

꾸중을 들은 왕손가는 어머니를 원망하기는커녕 오히려 새로운 힘이 솟아났다. 그는 큰 거리로 나가 "이제 나라를 건지는 일이 우리 모든 백성들에게 달렸으니 함께 힘을 합쳐 연나라 군사의 침략을 물리쳐야 한다"라고 호소했다.

제나라의 옛 신료들도 그의 호소에 호응하고 나섰다. 그들은 민왕의 아들을 찾아내 그를 왕으로 옹립하였다. 이처럼 새로운 구심점을 갖춘 제나라는 일심 단결하여 연나라 군의 침략을 물리치고 끝내 잃었던 나라를 되찾았다.

한(漢)나라의 마초(馬超)는 그가 살던 지방의 자사(刺史)와 태수

(太守) 등 지방 장관을 살해하고 반란을 일으켰다. 양주(涼州, 지금의 감숙성 일대)의 참군(參軍) 양부(楊阜)가 역성(歷城, 지금의 감숙성 성현 북쪽)의 강서(姜敍)를 찾아가 마초를 토벌할 대책을 상의하였다. 이때 강서의 모친이 강서에게 말했다.

"양주의 자사와 태수가 죽임을 당했다. 이는 네가 죽임을 당한 것과 같은 일이다. 너는 내 걱정은 말고 만사를 제쳐 놓고 그들을 구해야 하느니라."

강서는 어머니의 격려를 받고 그 즉시 집을 떠났다. 그는 조앙(趙昻)과 함께 마초를 토벌하는 일선에 나섰다. 조앙이 마초를 토벌하러 나서자 마초는 조앙의 아들 조월(趙月)을 붙들어 왔다.

조앙이 아내에게 물었다.

"마초가 조월을 죽이지는 않겠지요?"

조앙의 아내 이(異)가 확고히 대답하였다.

"군왕의 성은에 보답하기 위해서는 자신의 생명도 저버리는 것이 신하의 도리이옵니다. 하물며 자식쯤이야 더 생각할 나위가 있습니까?"

마초가 역성을 공격할 때 또 강서의 모친을 생포하였다. 생포된 강서의 모친은 추호의 두려움도 없이 마초를 크게 질책했다.

"네 이놈, 넌 아버지를 배반하고 지방 장관을 죽인 대역무도한 놈이다. 하늘과 땅이 네 죄를 용서하지 않을 것이다. 너는 무슨 면목으로 이 세상 사람들을 대할 것이냐!"

강서 모친의 호된 질책에 펄펄 뛰며 대노한 마초는 그녀를 그 자리에서 죽여 버렸다. 그리고 조앙의 아들 조월도 함께 죽었다.

진(晉)나라의 대장군 변호(卞壺)가 군사를 이끌고 소준(蘇峻)의 공격에 저항하여 싸웠다. 그러나 군사력이 원래 약하여 소준을 당해 내지 못하고 전쟁터에서 전사하였다. 그의 두 아들도 부친의 뒤를 바짝 따르다 적군의 창에 찔려 장렬히 죽음을 맞이했다. 이들의 모친은 두 아들의 시체를 어루만지며 비 오듯 눈물을 흘렸다.

"부친은 충신이요, 아들은 효자로다. 나라를 위해 충효를 바쳐 죽었으니 나는 아무런 원망도 없다."

전진(前秦)의 왕 부견(符堅)이 동진(東晉)을 토벌할 계획을 짜고 있을 때였다. 그가 총애하는 장부인(張夫人)은 전대 제왕들의 전례를 들며 출병하지 않는 것이 좋겠다고 부견에게 권고했다.

"지금 조정에서는 모두 동진을 토벌할 때가 아니라고들 합니다. 그런데 당신은 왜 기어코 출병하려 하는지 소첩은 정말 모르겠습니다."

그러나 부견은 장부인의 권고를 받아들이지 않았다.

"전쟁터의 일을 여자들이 참견하면 재수가 없으니 그만두게."

장부인의 간청을 물리치고 기어코 출병한 부견은 백만 대군을 잃게 되었고 그 자신도 화살을 맞고 황급히 낙양으로 되돌아오는 신세가 되었다.

남송(南宋)을 건립한 유유(劉裕)가 반란군을 토벌하려고 하였다. 유유를 보필하여 국정을 맡은 맹욱(孟旭)이 아내 주씨(周氏)에게 말했다.

"나는 이미 유유를 도와 반란군을 토벌할 결심을 했소. 이번 출병은 위험천만이라, 혹시 못 돌아올 수도 있소이다. 그러니 우리 일찍 헤어지는 것이 좋겠소. 당신이 연루될까 근심되오."

주씨가 눈물을 흘리며 단호히 말했다.

"여보, 그게 무슨 말씀이세요? 당신의 부모님이 아직 생존해 계시고 당신은 앞으로 큰일을 도모할 분이에요. 소첩이 어찌 당신 옆을 떠난단 말이에요. 설사 이번 출병이 실패하여 소첩이 관아의 노예가 되더라도 시부모님을 잘 모실 거예요. 다시는 그런 말을 입밖에도 내지 마세요."

대답이 궁한 맹욱이 묵묵히 일어나 밖으로 나가려 했다. 주씨는 그를 다시 불렀다. 그리고 조용히 말했다.

"지금 당신이 뭘 생각하시는지 소첩은 다 알고 있어요. 혹시 지금 당장 많은 돈이 필요하지 않나요?"

주씨는 품안에 안겨 새근새근 잠을 자고 있는 아들을 가리키며 말했다.

"대사를 성공시키는 일이라면 소첩은 이 아들도 팔아 버릴 수 있어요. 그런데 더 이상 아까운 것이 뭐가 있겠어요."

말을 마친 주씨는 집안의 재물을 모두 내놓았다.

당(唐)나라 말기, 하동(河東, 지금의 산서성 영제현)의 절도사(節度使) 이극용(李克用)이 주온(朱溫)의 속임수를 모르고 원역(源驛, 지금의 하남성 개봉시 남쪽)으로 그를 찾아갔다. 주온은 이극용을 영접하는 연회를 베풀었다. 주연상에서 주온은 이극용을 만취시키기 위해 연거푸 술을 권했다. 대취한 이극용은 역사로 돌아와 곤드레만드레 깊은 잠에 들었다. 이때 주온이 사람을 시켜 그 역사에 불을 질렀다.

한밤중 갑작스러운 불길에 이극용의 수하들은 미처 이극용을 구할 생각도 하지 못하고 불길을 뛰쳐나왔다.

요행히 목숨을 건진 그들은 하동으로 돌아가 이극용의 아내에게 자초지종을 전해 주었다. 이극용의 아내 유씨(劉氏)는 먼저 수하들을 안정시켰다. 그 뒤 비밀을 지키기 위하여 소식을 전한 그 수하들을 남몰래 처리해 버렸다. 그러고는 비밀리에 장군들을 불러 군대를 잘 독려하도록 하였다.

이극용은 천만다행으로 불길을 뚫고 살아나 하동으로 돌아왔다. 그는 즉시 개봉을 치려고 했다. 이때 유씨가 그를 말렸다.

"지금 군사를 일으켜서는 아니 됩니다. 먼저 이 일을 조정에 보고해야 합니다. 그래야 조정에서도 개봉에 반란이 일어났다는 것을 알게 됩니다. 조정에 보고하지도 않고 경망히 군사를 이끌고 개봉을 친다면 천하 사람들은 이 일의 시비를 가리지 못하게 됩니다. 그러니 자중해야 합니다."

아내의 말에 일리가 있다고 생각한 이극용은 아내의 말대로 잠시 군사를 발동시키지 않았다.

당(唐)나라 말기에 반란을 일으킨 황소가 죽자 그의 처첩들은 모두 당나라 조정에 끌려가게 되었다.

당나라 희종(僖宗) 이현(李儇)이 그녀들에게 물었다.

"너희들은 모두 당나라 귀족들의 딸이 아니냐? 그런데 어이하여 비적을 따랐느냐?"

이때 한 첩이 희종의 물음에 대답했다.

"비적이 창궐하고 강대하여 조정에서는 백만 대군으로도 그들을 막아 내지 못했사옵니다. 그 결과 대당의 강산은 하루아침에 무너졌사옵니다. 지존하신 황제께서는 비적들을 막아 내지 못한 처지에 무슨 낯으로 힘없는 저희들만 꾸중하시옵니까? 이 나라 문무대신들은 다 뭐하는 데 쓰는 것이옵니까?"

말문이 막힌 희종은 즉시 그들을 감옥에 가두었다. 뒤이어 그들을 참수하라는 칙령을 내렸다. 다른 여인들은 비분과 두려움으로 희종 앞에서 사시나무 떨 듯 떨고 있을 때 오로지 그녀만은 당당하게 황제와 맞서서 자신을 변호하였다. 그리고 자신의 변호가 받아들여지지 않자 울지도 외치지도 않고 조용히 생의 마지막 날을 기다렸다. 형장으로 나갈 때도 그녀의 신색은 평온하였다.

후당(後唐) 장종(莊宗) 때 이존욱(李存勖)이 유수광(劉守光)을 살해하려 하였다. 유수광은 울며불며 연신 절을 올리면서 제발 살려 달라고 애걸하였다. 이때 그의 두 아내인 이씨(李氏)와 축씨(祝氏)가 남편을 질책했다.

"사정이 이렇게까지 되었는데 이제 다시 산다 해도 좋을 게 뭡니까? 저희들이 먼저 죽겠어요."

두 여자는 아무런 두려움 없이 목을 길게 빼고 죽음을 기다렸다.

유인섬(劉仁贍)이 수춘(壽春, 지금의 안휘성 수현)에 주둔하고 있을
때다. 그의 작은아들 유숭간(劉崇諫)이 금령을 위반하였다. 유숭간
은 처벌을 피하여 밤에 쪽배를 타고 회하를 건너 회북으로 도망갔
다. 얼마 뒤 그가 조용히 집으로 돌아왔다. 유인섬은 그의 목을 자
르라는 군령을 내렸다. 감군사(監軍使)가 헐레벌떡 숨을 몰아쉬며
유인섬의 부인을 찾아가 빨리 작은 아들을 구해야 한다고 권했다.
이때 유인섬의 부인이 냉정하게 말했다.

"나도 숭간을 무척 사랑합니다. 하지만 군법을 어찌 사사로운 감
정으로 깨뜨릴 수 있겠습니까? 설사 그 애를 죽이지 않는다고 합
시다. 그러면 저희 유씨 가문은 어떻게 됩니까? 조정에 불충한 가
문으로 되고 맙니다."

유숭간이 죽은 뒤 그녀는 눈물을 흘리며 아들의 장례를 잘 치러
주었다.

송(宋)나라의 군대가 남하하여 남당(南唐)의 도읍지 금릉(金陵, 지
금의 강소성 남경시)에 진격하였다. 남당의 황제 이욱(李煜)은 유징(劉
澄)을 윤주(潤州, 지금의 강소성 진강시) 절도사(節度使)로 임명하였다.

그런데 유정이 송군의 진격에 저항하여 막을 생각은 안 하고 오월(吳越)에 투항하고 말았다. 화가 상투 끝까지 치민 이욱이 유정의 가족을 모두 죽여 버렸는데 유정의 딸만은 예외였다. 그녀는 이미 다른 집의 며느리로 정해져 있었다. 하지만 아직 혼례를 치르지 못해 친정집에 남아 있었던 것이다. 이욱은 하루빨리 혼례를 올리면 그녀를 사면해 주겠다고 하였다. 하지만 유정의 딸은 자진해서 죽음을 청했다.

"역신의 자식이 어찌 살아남기를 바라겠습니까?"

그녀는 아무런 미련도 없이 조용히 세상을 떠났다.

이상의 예를 볼 때, 이들 10여 명의 여인들은 문자 그대로 용감하고 충의로운 여중호걸들이라고 할 수 있다. 고대 역사책에 이들의 사적이 다 수록되어 있지만 그들을 기리는 마음에서 내가 다시 그들의 일을 여기에 기록하는 것이다.

그 밖에 당나라 고조(高祖) 이연(李淵)이 태원(太原)에서 군사를 일으킬 때 그의 딸 평양공주(平陽公主)는 장안(長安, 지금의 섬서성 서안시)에 있었는데, 공주의 남편 시소(柴紹)가 그녀에게 말했다.

"장인께서 군사를 일으켜 도읍을 향해 내려오고 있소. 나도 장인 어른을 따를까 하오. 그런데 지금 당신을 데리고 갈 형편이 아니오. 이 일을 어찌하면 좋겠소?"

평양공주가 태연하게 말했다.

"소첩의 걱정은 마시고 당신만 먼저 가십시오. 소첩은 천천히 대응책을 강구하겠습니다."

시소가 떠난 뒤 평양공주는 악현(鄂縣, 지금의 섬서성 노현) 일대로 먼저 자리를 옮겼다. 그 뒤 재산을 모두 처분하여 그 돈으로 남산으로 도망 온 사람들을 모집하여 의군을 창설하였다. 그리고 그 근처에 출몰하던 비적들을 설복시켜 의군으로 편성하고 군기를 엄하게 세운 다음 그들의 방만한 행동을 규제하였다. 평양공주가 조직한 병력은 무려 7만 명에 달해 관중 일대에 소문이 자자하였다.

그 뒤 평양공주는 위수 이북에서 그녀의 오빠 이세민과 합류하였다. 그들 남매는 군사를 두 갈래로 나누어 도읍을 향해 진공하였다. 수나라의 도읍은 마침내 그들 남매의 군사에 의해 함락되었다.

거짓이 적으니 호칭이 자유롭다

북송(北宋)의 소동파(蘇東坡)가 호칭에 대해 소개한 글이 있다.

> 지금 사람들은 서로간의 호칭에 매우 조심하고 주의한다. 지위가 높고 고귀한 분은 '공(公)'이라 부른다. 인품이 정직하고 현명한 사람은 '군(君)'이라 부른다. 그 이하 사람은 '이(爾)'나 '여(汝)'라 부른다. 왕공(王公)처럼 아주 존귀한 사람은 물론 '공'이나 '군'으로 부른다. 그러나 이것은 다만 겉으로 보여 준 경의일 뿐이다. 사람들은 속으로 그들을 존경하는 것이 아니라 오히려 깔보고 있다. 그래서 뒤에서는 '이'나 '여'로 그들을 부른다.

내가 보건대 호칭에 계급을 두고 부르는 것은 후세의 풍속에서 빚어졌다고 생각한다. 고대 사람들은 대체로 표리가 같고 말과 행동이 일치했다. 그들은 내키는 대로 말하고 생각에 따라 행동했다.

그들에게는 거짓이 적었다. 군신지간(君臣之間)이라 할지라도 서로 대화를 나눌 때 별다른 금기 사항이 없었다. 신하라 해서 임금과 말할 때 두려움이 앞서는 것이 아니었다.《시경(詩經)》이나《상서》등의 책을 보면 이런 사실을 잘 알 수 있다.

서주(西周)의 기자(箕子)가 〈홍범(洪範)〉이란 문장을 무왕에게 올렸다. 이 글은 천지 변화에 대한 법칙을 설명한 책으로 무왕이 기자에게 질문하고 기자가 그 질문에 대답하는 형식으로 씌어졌다. 기자는 그 글에서 무왕을 그저 '여(汝)'라고 호칭했다.

주나라 무왕(武王)이 병에 걸렸다. 그의 동생 주공(周公)이 〈금등(金縢)〉이란 축원문을 썼다. 하루빨리 조상의 후광을 입어 병이 낫도록 해달라는 글이다. 이 글에서 나오는 '대왕(大王)' '왕계(王季)' '문왕(文王)'은 모두 주공의 할아버지와 아버지뻘이 되는 사람들에 대한 호칭이다. 주공은 그들도 직접 '이삼왕(爾三王)'이라 지칭했고 자신은 '여(予)'라 자칭했다. 주공은 그 글에서 또 자기의 요청을 받아 달라고 삼왕에게 진언하였다.

"이(爾)가 여(予)의 청원을 받아들이면 여는 이의 명에 따라 옥과 구슬을 바치겠지만 이가 여의 청원을 받아들이지 않으면 여는 옥과 구슬을 모두 버리겠습니다."

이 글을 보면 호칭도 아주 자연스럽거니와 말의 분위기에도 꾸

밈없는 감정 표현이 그대로 드러나 있음을 알 수 있다.

《시경》〈노송편(魯頌篇)〉'필궁(苾宮)'에 나오는 군왕에 대한 송가에서도 군왕을 그저 '이'라고 호칭했다. 그리고《천보(天保)》〈보상(報上)〉에서도 군왕을 두고 '이'라고 호칭하였다. 이 밖에도 〈민로(民勞)〉, 〈정월(正月)〉, 〈판탕(板蕩)〉, 〈권아(卷阿)〉, 〈기취(旣醉)〉〈담인(瞻印)〉 등 많은 시에서 군왕(君王)을 그저 '이'라고 호칭하였다.

심지어 어떤 시에서는 녀석이란 뜻이 다분한 '소자(小子)'라는 말을 직접 대놓고 호칭한 것도 있다. 유왕(幽王)이나 여왕(厲王) 같은 폭군들도 이런 호칭을 그대로 받아들였다. '녀석'이라 불렀다 하여 불경죄(不敬罪)를 묻는 일이 없었다.

고대인들의 호칭과 지금의 호칭을 대비해 보면 고대인들의 자유로운 호칭과 생각한 그대로 부르고 말하는 품격은 너무도 부럽다. 지금처럼 계급을 두고 마음으로는 내키지 않는데도 억지로 존칭을 부르는 것과 같은 표리부동한 행동을 계속한다면, 우리는 영원히 요·순·우 3대 성현 때의 아름다운 풍속을 되살릴 수 없게 될 것이다.

협박을 인의로 대한 것은 신용이 통하는 사회였기 때문이다

기원전 547년, 제(齊)나라 사람 고약(高弱)은 영공(靈公)이 자기의 부친을 유배 보낸 데 원한을 품고 반란을 일으켰다. 영공은 여구영(閭丘嬰)을 파견하여 고약이 차지하고 있는 노성(盧城, 지금의 산동성 평양시 동북부)을 치게 하였다.

이때 고약이 한 가지 조건을 내걸었다.

"만약 우리 고씨 가문의 후사를 잇게 해 준다면 나는 이 노성을 내놓겠소."

제의 영공이 고약의 요청을 받아들였다. 그리하여 고연(高燕)을 고씨의 후손으로 세웠다. 고약은 약속대로 노성을 내놓고 진(晉)나라로 떠나갔다.

노(魯)나라 사람 장씨(臧氏)의 봉읍지는 방성(防城, 지금의 산동성 곡부시 동쪽)에 있었다. 노 양공(襄公) 때 장흘(臧紇)이 왕실을 노엽게 하는 일을 저질렀다. 장흘은 겁이 덜컥 나서 사람을 보내 양공을 찾아뵙고 자신의 뜻을 전달하게 하였다.

"소인은 자신이 우둔함을 잘 알고 있습니다. 그러나 소인은 반역할 뜻이 조금도 없습니다. 그러나 이미 엎질러진 물, 대왕께서 저의 장씨 후사를 잇게 해 주신다면 소인은 봉읍지를 두말없이 내놓겠습니다."

양공은 장흘의 제안을 받아들였다. 그리고 장작(臧作)을 장씨의 후손으로 세워 주었다.

장흘은 방성을 내놓고 제(齊)나라로 망명했다.

고약과 장흘은 봉읍지를 반환하는 대신에 군왕과 타협하여 자신의 후사를 잇게 하였다. 공자가 이를 두고 평가한 말이 있다.

"장흘이 방성을 내놓는 것을 조건으로 노나라에서 장씨 후사를 이어 가도록 한 것이다. 누가 만약 장흘이 군왕을 협박한 것이 아니라고 한다면, 나는 그 말을 믿지 않을 것이다."

제나라와 노나라의 군주가 신하의 요구를 받아들인 것은 선왕(先王)의 은덕과 혜택이 아직 빛을 내고 있었기 때문이다. 그래서 두 군주는 신하가 자기를 협박하였다 하더라도 약속을 어기지 않았던 것이다. 그때는 전국시대와는 달리 신용을 잘 지키는 편이었다. 전국시대에 들어서면서 사람들은 서로 간사한 계책과 권모술수를 거리낌 없이 사용했다. 고대에는 신용을 지켰기에 사람을 죽이더라도 인의를 저버리지 않았다.

그러나 훗날에 와서는 모든 신용이 헛말로 되었다. 불리하게 되면 투항하겠다고 약속했다가도 일단 상대방이 무기를 내리면 방금 전에 한 약속을 헌신짝처럼 버리고 불시에 습격을 했다. 이는 인의롭다고 할 수 없는 일이다.

누구도 공자의 진심을 알아주지 않았다

동주(東周) 초기 정(鄭)·제(齊)·송(宋)·초(楚)·진(晉)·진(秦) 등 제후국들이 중원 일대에서 서로 패권을 다투고 있었다. 동주의 중앙 정권은 허울뿐이었지 실권은 이미 여러 제후국에 의해 장악된 상태였다.

춘추(春秋) 말기, 제(齊)·노(魯)·진(晉) 등 제후국에서는 왕실과 세력가 간의 갈등과 마찰이 나타나기 시작했다.

노나라에서는 환공(桓公)의 후손인 맹손씨(孟孫氏)·숙손씨(叔孫氏)·계손씨(季孫氏) 등 이른바 삼환(三桓)이 전권을 휘둘렀다. 제나라에서는 진씨(陳氏, 진씨는 본래 진(陳)나라의 귀족이었는데 제나라에 귀화한 뒤 전(田)씨로 성씨를 고쳤다.)와 제왕이 서로 암투를 벌였다. 진(晉)나라의 국권은 한(韓)·조(趙)·위(魏) 등 세 귀족에 의해 장악되고 있었다.

기원전 481년 진성자(陳成子, 田常 혹은 田成子)가 제나라의 간공

(簡公)을 시해한 뒤 진씨의 세력을 확장할 대로 확장시켜 제나라의 실권을 거머쥐었다. 이 일은 여러 제후국들의 놀라움을 야기했다.

이때 공자는 노나라에 있었다. 이 소식을 전해 들은 공자는 노나라의 애공(哀公)을 찾아갔다. 공자는 애공에게 즉시 출병하여 제나라의 진씨 귀족을 토벌할 것을 건의하였다. 그러자 애공은 난색을 보였다.

"이 일은 과인 혼자 결정할 일이 아니오. 맹손, 숙손, 계손 등 대감들을 찾아가 상의해 보시오."

공자도 이른바 삼환(三桓)이 제의 간공을 시해한 진씨에 대하여 어떤 견해를 갖고 있는지 알고 싶었다. 공자는 삼환을 차례로 찾아가 진씨를 즉시 토벌해야 한다는 자신의 견해를 피력했다. 그러나 삼환 또한 공자의 견해를 지지하지 않았다. 삼환은 군사를 이끌고 진씨를 토벌하는 일은 바람직하지 않다고 일축하였다.

《좌전(左傳)》에서는 이 단락을 아래와 같이 기록하였다.

공자가 노의 애공에게 제나라를 토벌해야 한다고 진언하였다. 이때 애공은 '노나라는 다른 나라가 아닌 제나라의 타격을 받아 지금처럼 국력이 쇠약해진 것이오. 우리가 무슨 힘으로 제나라를 치겠소?'라고 대답하였다. 공자가 애공을 계속 설득시키려 했다. '진성자가 제왕을 시해했습니다. 제나라는 이미 절반 이상의 민심을 잃었습니다. 노국이 전력을 다해 출전하고 제나라를 떠난 절반의 민심을 동원한다면 진성자를 참패시킬 수 있습니다.'

《좌전》에 실린 문자 그대로 해석한다면 공자도 노나라가 제나라에 비해 국력이 많이 약한 나라임을 잘 알고 있다. 그러나 공자는 제나라가 이미 절반 이상의 민심을 잃은 기회를 타서 불시에 제나라를 공격한다면 정의를 되살릴 수 있다고 보았다. 그렇다면 공자는 전쟁을 좋아하고 실리를 추구하는 사람이라고 평가할 수도 있다. 또 공자는 각국 국력의 강약도 모르는 어리석은 모사에 불과하다고도 평가할 수 있다.

그러나 사실은 이와 다르다.

당시의 상황을 보면 제나라의 군사력은 확실히 노나라보다 강대했다. 제나라에 비록 내란이 일어났다 하더라도 제나라의 군사력은 별로 쇠약하지 않았다. 노나라가 계란으로 바위를 치는 것은 위험천만한 일이다.

이는 공자도 잘 알고 있었다. 삼환도 이 상황을 꿰뚫어 보았기에 공자의 건의를 받아들이지 않았던 것이다. 또한 정의를 되살리고 주 왕실을 공고히 해야 한다는 공자의 역설도 별로 설득력이 없다.

그런데 왜 탁월한 유세가인 공자가 이처럼 허망한 주장을 내세웠을까? 공자의 목적이 정말 '약한 노나라가 강한 제나라를 치게' 하여 불필요한 희생을 자초하기 위함이었을까?

공자의 진심은 이것이 아니었다. 공자는 노나라의 삼환 세력이 이미 제나라의 진씨 세력만큼 커져서 노나라 왕실을 위협하고 있음을 누구보다도 더 잘 알고 있었다. 공자는 정통성을 계승한 노 왕실의 지위가 사병을 둔 삼환의 세력에 밀려나는 것을 바라지 않았다. 그렇다고 정면으로 삼환의 세력을 약화시킬 수도 없는 형편이었다. 진성자가 제의 간공을 시해한 일은 공자에게 정통을 굳게 지키고 정의를 되살릴 기회도 마련해 주었던 것이다.

공자는 이 일을 통해 노 애공에게 그 자신이 처해 있는 상황을 알도록 하여 국정에 심혈을 쏟아 국위를 정립하여 줄 것을 바랐다. 또한 공자는 이 일을 계기로 삼환에게 넌지시 경고하여 앞으로 전횡하지 말며 국권을 넘보지 않도록 하려고 한 것이다.

가령 노의 애공이 공자의 진심을 알아차렸다면 삼환이 전권을 장악하고 있고 자기는 허수아비에 불과하다는 난처한 처지를 깨닫게 되었을 것이다.

애공이 도리를 깨닫게 된다면 엄격하게 삼환을 규제하고 국정의 대권을 다시 장악하게 될 것이다. 이를테면 공자를 기용하고 사병을 폐지하며, 국군의 위망을 확립하여 군신(君臣)의 예의와 부자(父子)의 예의를 다시 되살리게 될 것이었다.

삼환도 만약 공자의 진심을 제대로 읽었다면 매사에 조심할 것이었다. 노나라는 약소국이고 제나라는 강대국이다. 만약 이후 삼환이 거사하여 노나라의 군왕이 된다면 우리도 역시 공격의 대상이 될 것이다. 그러니 그 같은 마음을 버려야 한다는 것이었다.

하지만 노의 애공이나 삼환은 공자의 진심을 깨닫지 못했다. 그리하여 공자의 노력은 헛수고로 끝나고 말았다.

이 일이 있은 2년 후에 공자가 세상을 떠났다.

그리고 다시 11년이 지난 뒤 노의 애공은 공자가 우려했던 대로 삼환에 밀려 월(越)나라로 망명해야 했다. 노의 애공은 단지, 시체의 머리와 몸이 두 가래로 찢긴 제의 간공처럼 되지 않은 것을 다행으로 여겨야 할 형편이 되어 버린 것이다.

오래 갈라져 있으면 합치게 되고,
오래 합쳐 있으면 갈라지게 된다

전설 속의 요순시절부터 지금까지 천하는 네 차례에 걸쳐 대분열과 통일이 있었다.

주(周)나라 말기 춘추전국시대에는 제후들이 서로 패권을 다투는 일이 이어졌다. 그 결과 진(秦)이 6국을 멸망시키고 천하를 통일하였다.

한(漢)나라 말기에는 위(魏)·촉(蜀)·오(吳) 3국이 정립하였다. 그 결과 서진(西晉)이 촉나라와 오나라를 멸망시키고 천하를 통일하였다. 이것이 두 번째 천하 대통일이다.

진(晉) 이후 5호16국(五胡十六國)이 나타났고 그 뒤 남북조(南北朝)가 생겨 전후 300년이란 장기간의 대혼란이 시작되었다. 훗날 대혼란을 수습하고 통일을 이룩한 것은 수(隋)나라였다. 이것이 제3차 대통일이다.

당(唐)나라 말기 또 5대 10국의 쟁탈전이 끊임없이 이어졌다. 이때 송(宋)나라가 제4차 천하 대통일을 이룩하였다.

진(秦)·진(晉)·수(隋) 등 통일 대업을 완성한 3국의 집정 기간은 너무도 짧았다. 진시황(秦始皇)이 처음으로 천하를 통일시킨 뒤 진나라 2세인 호해(胡亥)에 이르러 국맥이 끊어지고 말았다. 진(晉)도 2세인 혜제(惠帝) 때에 망했고, 수(隋)도 2세인 양제(煬帝) 때 망하고 말았다. 하지만 오직 송나라만은 예외였다. 송나라는 지금까지 170년의 황통을 이어 왔고, 9대의 황제가 송나라 천하를 지켜왔다. 비록 이 기간에 정강지란(靖康之亂) 등 불행한 일이 몇 차례 일어났지만 송나라는 진(秦)·진(晉)·수(隋)에 비할 바 없는 국태민안(國泰民安)을 누리고 있다고 하겠다.

단명(短命)한 점으로 보면 진(秦)·진(晉)·수(隋) 3국이 다를 바 없지만, 진(晉)나라는 멸망 후에도 사마(司馬)씨가 강동에 동진을 재건함으로써 무려 100여 년 동안 그 명맥을 이었다. 비록 동진의 개국황제 사마예(司馬睿)가 우금(牛金)의 후대라 해서 이른바 '우계마후(牛繼馬後)'라 하지만 그래도 사마씨는 진(晉)의 정통성을 이어받았다고 천명했다.

이상의 역사 사실을 분석해 보면 진(秦)과 수가 너무 잔혹하게 통치하여 인심을 완전히 잃어 버렸기 때문에 하늘이 이 두 나라를 완전히 멸망시킨 것이라고 본다. 진(晉)나라는 비록 '팔왕지란(八 王之亂)'을 겪었지만 혜제(惠帝)가 무능했을 뿐 폭군은 아니어서 민 심을 잃지는 않았다. 그래서 동진으로 거듭날 수 있었던 것이다. 그렇다면 진(晉)의 멸망은 진(秦)과 수의 멸망과는 그 의미가 다르 다 할 것이다.

장량과 비교해 범증을 과연 인걸이라 할 수 있겠는가

진(秦)나라 말기에 초(楚)·한(漢)이 대립하였다. 유방(劉邦)과 항우(項羽)는 왕권을 다투어 중원을 누비며 처절한 전쟁을 벌이고 있었다. 유방의 수하에는 장량(張良)·진평(陳平)과 같은 모사가 있었고, 항우의 수하에는 범증(范增)이 모사로 있었다. 이들은 천하 패업을 다투는 중요한 시기에 각기 유방과 항우를 위하여 많은 건의를 하였다. 세인들은 범증을 장량과 같은 인중지걸(人中之傑)이라고 평가를 내린다. 그러나 나는 범증을 인걸이라 하기에는 부족하다고 본다.

범증의 일생을 고찰해 보았더니, 그도 전국시대 종횡가인 세가에서 태어났다. 때문에 실리를 위해서는 의리를 저버리는 사람에 속하였다. 진(秦)나라 말기 진나라가 마치 풍전등화처럼 앞날이 머지않다는 것을 간파한 범증은 항량(項梁)에게 군사를 일으키라고 부추겼다. 그리고 초왕(楚王)의 후예를 회왕(懷王)으로 옹립하여 진나라를 배반하였다. 진군(秦軍)이 거록(巨鹿)으로 진공할 때 초회왕은 송의(宋義)·항우(項羽) 등을 파견하여 조(趙)나라를 돕게 하였다. 이때 범증은 초급 장교로 있었다. 항우는 거록에서 대승하여 일거에 이름을 날렸다.

항량이 죽은 뒤 범증은 항우의 수하에서 모사로 있었다. 항우는 범증을 양부(養父)라고까지 존대하였다. 항우의 세력이 점차 막강해지면서 그의 야심도 하루하루 커 갔다. 그러자 항우는 초회왕이 대사를 도모하는 일에 장애물이 된다고 생각하였다. 항우는 얼마후 구실을 대어 회왕을 살해하였다. 이때 범증은 '군신의 도리'를 들어 항우를 깨우쳐 주어야 했다. 그러나 범증은 항우의 망동을 말리지 않았다. 이는 이해할 수 없는 일이다.

진(秦)나라 도읍이 아직 함락되지 않았을 때, 초회왕은 여러 장군들을 불러 누구라도 먼저 관중(關中)에 진공하여 진나라 도성인 함양(咸陽)을 함락시키면 곧 그를 관중왕으로 봉하겠다고 약속했다. 유방은 비록 군사는 강대하지 않았지만 수하에 있던 모사들의 계략을 받아들여 별로 힘들이지 않고 누구보다 먼저 함양을 함락시켰다.

반면 항우는 어려운 전투를 벌이며 승승장구하면서 북상하고,

가는 곳마다 도성을 차지하고 점령구를 확장하는 데 신경을 더 썼다. 때문에 유방보다 강대한 군사를 가졌음에도 유방보다 뒤늦게 함양에 도달하였다.

항우는 군사력이 자기보다 훨씬 약한 유방이 풍요롭고 드넓은 관중 지역을 차지하고 군사 요충지인 그곳에서 관중왕이 되는 것이 아무래도 달갑지 않았다. 범증은 또 이때 항우의 비위를 맞춰 기회를 보아 유방을 살해하도록 부추겼다. 범증은 유방을 처단해야 항우가 대권을 쥘 수 있다고 보았기 때문이다.

항우는 범증의 간계를 받아들여 패상(覇上)에서 홍문연(鴻門宴)을 열고 유방을 초대하기로 했다. 유방은 초대받은 자리에서 목숨을 잃을 뻔했으나 장량의 기지로 위기를 모면했다. 범증은 유방을 살려 보낸 것이 아무래도 화근이라 생각되어 그를 관중에 둘 일이 아니라고 항우에게 진언하였다. 항우는 유방을 한왕(漢王)으로 봉하고 그를 변방인 파촉(巴蜀)으로 내쫓았다.

범증은 항우를 도와 대사를 보필한 모사였다. 항우가 수많은 무고한 사람을 억울하게 살해하고 가는 곳마다 약탈을 자행했지만, 범증은 이를 보고도 못 본 척하였다. 때문에 항우는 가는 곳마다 민심을 잃을 수밖에 없었다.

송의와 항우가 초회왕의 명을 받고 조(趙)나라를 도울 때였다.

그 전투에서 대승을 올린 항우는 송의를 없앨 마음을 먹었다. 만약 송의를 그대로 둔다면 나중에 자기와 함께 군공을 다툴 것이라 생각했기 때문이었다. 그때 항우의 수하 장군으로 있던 범증은 송의에게 아무런 잘못이 없는 것을 알면서도 송의를 변호하는 말 한마디도 내비치지 않았다. 그리하여 송의는 억울하게 항우의 손에 죽었다.

또 항우는 생포한 진나라 군졸 40만 명을 무참하게 생매장하였다. 거기에는 진왕 영(嬰)도 포함되어 있었다. 그뿐만 아니라 규모가 어마어마하게 큰 아방궁(阿房宮)을 포함한 수많은 궁궐을 몽땅 불살라 버렸다.

이 모든 것은 범증이 항우의 곁에 있을 때 자행된 일이다. 그러나 범증은 항우에게 단 한마디도 간언하지 않았다.

이런 범증을 어찌 장량과 비견하여 인걸이라 할 수 있겠는가!

조조는 왜 양표를 죽이지 않았는가

양수(楊修)를 죽인 조조(曹操)가 어느 날 양수의 부친 양표(楊彪)를 만났다. 조조가 먼저 양표에게 말을 건넸다.

"아니, 웬일이시오? 몸이 많이 수척해지셨구려."

양표가 뿌루퉁해서 퉁명스레 대답했다.

"저는 김일비(金日磾)의 선견지명이 없는 것을 부끄럽게 생각합니다. 그러나 어미 소가 새끼를 핥아 주는 그런 자식을 사랑하는 마음은 있습니다."

양표가 정면으로 대답하지 않고 우회적으로 조조에게 원망의 뜻을 표시했다. 이 말을 들은 조조의 얼굴색이 삽시에 변했다.

《고문원(古文苑)》에 조조가 양표에게 보낸 편지가 수록되어 있다. 그 편지에는 다음과 같은 대목이 있다.

"양수는 많은 죄를 지었습니다. 부친의 권력을 등에 업고 호가호위(狐假虎威)하면서 세력을 확장했습니다. 국정의 대사를 논의할 때마다 이 사람과 의견이 충돌되었습니다. 이를 방치한다면 앞으로 족하(足下)의 전 가문이 피해를 입게 됩니다. 이것이 내가 그를 죽이게 된 원인입니다."

조조는 편지와 함께 많은 금은보물을 양표에게 보내 주었다. 조조의 아내 변씨(卞氏)도 양표의 아내 원씨(袁氏)에게 편지를 써 보냈다. 그 편지에 이런 대목이 있다.

"부인의 남편은 세상에 드문 훌륭한 문필가입니다. 그분은 세인의 존대와 찬양을 한 몸에 받고 있습니다. 그러나 부득이한 사정으로 저희 남편이 조급히 군법을 이행하였습니다."

변부인도 금은보물에 능라 비단 등 수많은 재물을 원부인에게 보냈다. 이만큼 마음을 위안하면 양표가 더는 불만을 표시하지 않으리라 조조 내외가 생각했기 때문이다.

과연 그들의 예견은 빗나가지 않았다. 양표와 그의 부인은 즉시 조조와 그의 부인에게 답신을 써 올렸다. 사건의 시말을 잘 몰라 불만을 토로한 것은 자신이 불미한 탓이라며 자책하는 내용이었다.

당시는 한(漢)왕조가 바야흐로 벼랑 끝으로 떨어질 위기에 처해 있던 때였다. 한왕실의 실권은 이미 조조의 수중에 들어가 있었다. 그러나 원씨의 조상은 한왕조의 4대 재상으로 있었으며 또한 황실의 종친이었다. 이런 인적 배경 때문에 조조는 평소에도 양표를 경외하였다. 양표는 조상의 후광을 입어 살해당하지 않았던 것이다.

조조는 당시 승상의 자리에 있었는데, 그는 의심이 많고 성격이 편협한 사람이었다. 그렇기 때문에 누구도 조조 앞에서 함부로 입을 놀리지 못했다. 양표는 믿을 만한 인맥이 있었기 때문에 조조 앞에서도 감히 불만을 토로할 수 있었다고 볼 수 있다.

폭군도 시대를 잘 타고나야 욕을 덜 먹는다

하(夏)·상(商)·주(周) 3대로부터 양(梁)·당(唐)·진(晉)·한(漢)·주(周) 5대에 이르기까지 제왕들 중 천하 백성들에게 엄청난 죄를 짓고 대대손손 내려오며 만인의 손가락질을 받는 황제는 진시황과 수양제였다. 그렇다면 이 두 황제의 죄악이 하의 걸왕(桀王)과 상의 주왕(紂王)보다도 더 크단 말인가?

진(秦)나라가 멸망한 뒤 그 뒤를 이은 왕조는 한(漢)나라이고 수(隋)나라가 망하고 그 뒤를 이은 왕조는 당(唐)나라이다. 한나라와 당나라는 모두 긴 역사를 갖고 있다. 이 긴 역사에서 조정 대신들이 국정을 의논할 때 대개 바로 윗대의 역사적 과실을 많이 지적하였다. 역사적 교훈을 알 수 있는 가장 가까운 실례이기 때문이다.

이렇게 되다 보니 한나라와 당나라에서 가장 많이 언급한 황제가 바로 진시황과 수양제였다. 시간적으로 가까운 시대에 벌어진 일이어서 역사적 사실도 확실하고 분명했기 때문에 진시황과 수양제의 악행은 날이 갈수록 점점 더 많이 드러났고, 시간이 흐를수록 그들의 죄명은 감추려야 감출 수 없는 역사적 사실로 굳어지고 말았다.

이제 실례를 들어 이를 설명해 보기로 하자.

장이(張耳)는 다음과 같이 말했다.

"진조(秦朝) 때는 정치가 혼란했고 실행한 형법이 너무 잔혹했다. 천하의 백성을 학대하여 수천수만의 백성을 부역으로 내몰았는데, 북부에서는 장성(長城)을 쌓았고 남부에서는 오령(五嶺)의 길을 닦았다. 가혹한 잡세와 고혈을 짜낼 대로 짜내니 백성들은 부자간에도 서로 살펴 주지 못할 처지에 빠졌던 것이다. 전국에서 민란이 끊임없이 일어난 것도 다 이런 이유 때문이다."

장량(張良)이 말했다.

"진조는 치국의 방책이 전무했다. 때문에 유방이 쉽사리 도성을 점령할 수 있었고 하늘을 대신해 흉악하고 잔혹한 임금을 제거할 수 있었다."

육가(陸賈)가 말했다.

"진조는 형벌을 너무 가혹하게 집행했다. 그러니 어찌 망하지 않고 견딜 수가 있었겠는가?"

왕위위(王衛尉)가 말했다.
"진나라는 비평하는 의견을 수렴하여 들어주지 않았기 때문에 천하를 잃고 말았다."

장석지(張釋之)가 말했다.
"진조는 공연히 입만 놀리는 하급 관리를 지나치게 신임했다. 이들은 입건된 형사를 빠르고 가혹하게 처리하는 것을 자랑으로 여길 정도였다. 때문에 백성들은 감히 속말을 털어놓지 못하였고 조정에서는 민심을 제대로 파악하지 못했다. 조정이 과실을 정확히 파악하지 못하니 하루가 다르게 망국의 길로 더 깊이 내달린 것이다. 그 결과 진나라 2세인 호해(胡亥)에 이르러 완전히 붕괴되고 말았다."

가산(賈山)은 진나라 사서를 인용하여 자신의 견해를 말했다.
"진시황은 엄청난 재물을 긁어모아 궁궐을 호화롭게 지었다. 그러나 시골 벽촌의 백성들은 편한 잠을 잘 수 있는 초가 한 채도 없었다. 자신은 넓고 곧은 대통로를 만들어 행차에 불편이 없게 했으면서도 다른 사람들은 오솔길도 맘 놓고 걷지를 못하게 했다. 그는 자신이 살 호화롭고 웅장한 능원을 신축하였으나 그의 후대 사람들은 죽어서 묻힐 조그만 땅도 없었다. 또한 자신은 1,800여 개가 넘는 소국이 바치는 공물로써 호의호식하며 부귀영화를 누렸으나 그의 백성들은 가혹한 부역에 지칠 대로 지쳐 모두가 파산하고 말았다. 그리하여 부역에 나갈 사람이 부족했고 세금을 낼 자산도 없게 되었다. 사람들은 누구나 다 진시황을 원망했고 가가호호 모두가 진시황을 증오했다. 진나라 천하가 이미 궤멸되고 있었지만 그는 제대로 알고 있지 못했기 때문에 그가 죽은 뒤 몇 달 안 되어 진나라는 멸망하고 말았다."

　가의(賈誼)는 이렇게 말했다.

　"상앙(商鞅)은 인의와 정의를 저버리고 다만 자신의 입신양명만 추구했다. 상앙의 변법을 실시한 지 2년이 채 안 되어 진나라의 풍속은 무너지기 시작하여 국가의 방침이 제대로 이행되지 않았다. 군주(君主)와 관원들은 예법의 구속을 벗어났고 친척 간에도 서로 살해하기를 꺼려하지 않게 되었다. 백성들은 심야에 홀로 도주하여 반란을 일으키기도 했는데, 이 때문에 나라가 망한 것이다."

"조고(趙高)는 호해(胡亥)를 보필한 사람이다. 조고는 호해에게 사람을 다루는 요령으로 형벌만을 가르쳐 주었다. 황제에 등극한 호해는 사람의 목숨을 파리 목숨보다 못하게 여겼기 때문에 즉위한 날부터 무고한 사람을 살해하기 시작했다. 형벌과 감옥으로 나라를 다스린다면 백성들에게 아무런 혜택도 가져다주지 못하는 법이다. 다만 나라라는 것이 백성을 괴롭히는 감옥이나 다를 바가 없는 것이다. 때문에 백성들은 조정을 적대시하여 반란을 일으키게 된 것이다."

조조(晁錯)가 말했다.

"진시황이 많은 군사를 이동시켜 변경을 지키게 했다. 군사들은 변경에서 죽기 살기로 싸웠지만 그들에게는 아무런 대가도 주어지지 않았다. 천하 사람들은 자신이 겪은 수난을 잘 기억하고 있는 법이다. 때문에 진승(陳勝)이 봉기하였을 때 백성들은 다투어 그를 따랐던 것이다."

"진시황은 재능이 없고 덕망이 부족한 사람들을 너무 믿었다. 알랑거리고 아부하는 사람만 신임했으니 그 피해는 고스란히 백성들에게 돌아갔다. 진시황은 자만하였고 자신이 현명하다고 자처했기 때문에 형벌도 잔혹하게 시행했고 가렴주구도 심했던 것이다. 사람마다 공포에 떨며 불안해하고 속으로는 그를 원망했으니 어찌 나라가 망하지 않았겠는가."

동중서(董仲舒)가 말했다.

"진조는 사람들의 사상을 통제하기 위하여 개인이 사사로이 유가 경전과 역사책을 장서하는 것을 금지했다. 역사상 유전되어 온 성인들의 학설을 차단하기 위해 예의와 도덕을 숫제 포기해 버린 것이다. 그래야 통치자들이 마음대로 백성들을 주무를 수 있고 권력을 휘두를 수 있다고 생각했기 때문이다. 역대의 역사를 살펴봐도 진나라 때처럼 정치 혼란을 일으킨 나라는 없었다."

회남안왕(淮南安王)이 말했다.

"진나라 조정에서 위도수(尉屠睢)를 파견하여 남방의 월족을 토벌하게 했다. 그때 물길을 뽑고 터널을 파는 등 수많은 재력과 인력을 탕진하였다. 그 뒤 또 수만 대군을 북방으로 이동시켜 변경을 지키게 했는데 살아 돌아온 사람이 별로 없었다. 군영에서 이탈한 자들 중에는 비적이 된 자들이 많았는데, 도처에 비적이 들끓은 한 이유가 되기도 했다."

오구수왕(吾丘壽王)이 말했다.

"진시황은 나라를 다스리는 선왕의 치국 이론을 모두 없애 버렸다. 다만 자신의 견해와 관점만 고집했고 인의와 도덕을 포기한 채 엄한 형벌로 무고한 사람들을 수없이 죽였다. 그 때문에 도적이 늘어나고 사방천지가 도둑들로 득실거렸던 것이다."

서악(徐樂)이 말했다.

"진나라 후기 백성들은 도탄에 빠져 헐벗고 굶주렸다. 그러나 진시황은 백성들을 구제하지 않았다. 항간에는 원성이 자자한데 조정에서는 이를 제대로 파악하지 못했다. 미풍양속은 무너졌고 정치는 점점 혼란해지기만 했다."

엄안(嚴安)이 말했다.

"진조가 전국을 통일한 뒤 각지의 성벽을 모두 허물게 했다. 그리고 상전에 아부하고 기회를 엿보아 권력을 꾀하는 사람만을 신임하고, 충성심이 있고 덕망이 높으며 인의를 지키는 신하는 하나둘 배척하였다. 형벌은 너무 잔인하고 가혹했으며 진시황의 욕심은 커질 대로 커져 북쪽으로는 흉노를 공격했고 남쪽으로는 월족과 전쟁을 벌였다. 수없이 많은 군사들이 죽었고 군대는 대외로 공

60

격만 했지 후퇴를 하지 않았다. 전방에 나간 군인 중 귀향한 사람은 거의 없다시피 했고, 때문에 백성들이 진시황을 반대하기 시작했고 진조는 곧 멸망하고야 말았다."

유향(劉向)이 말했다.

"진시황은 자신의 여산(驪山) 능원을 너무 호화롭고 크게 지었다. 지하 주변 5백 리 안팎에 명주로 일월성신(日月星辰)을 만들었고 수은으로 강하호해(江河湖海)를 단장했다.

진나라 2세 호해는 그보다 더욱 사리에 어둡고 잔혹했다. 진시황을 매장할 때 호해는 후궁 중 자녀가 없는 궁녀들을 모조리 순장시키도록 명령했고 능원을 지은 장인 수만 명도 모두 생매장했다. 백성들은 더 이상 견딜 수 없어 반란을 일으켰다."

곡영(谷永)이 말했다.

"진조가 2대밖에 존재하지 못하고 건국 16년 만에 망한 원인은 통치자의 생활이 너무나 사치스러웠고 장례에 쓴 돈도 너무 많았기 때문이다."

유흠(劉歆)이 말했다.

"경전 사서를 불태우고 유자들을 생매장하였다. 또한 백성들에게 금서령을 내렸다. 이는 고금 역사에서도 볼 수 없는 죄악이다. 때문에 국가를 다스릴 기회를 상실하게 되었다."

한나라의 대신들과 사학가들은 이처럼 진시황을 한결같이 매도하였다. 그러면 당나라 때는 어떠했는가?

당(唐) 고조(高祖) 이연(李淵)이 말했다.
"수나라는 임금이 오만하고 신료들이 아부하는 데만 신경을 썼기 때문에 망하였다."

손복가(孫伏伽)가 말했다.
"수나라는 사실을 그대로 직간하는 말을 수용하지 않았기에 망하고 말았다."

《신당서(新唐書)》〈설수전(薛收傳)〉에 이런 기록이 있다.

진왕(秦王) 이세민(李世民)이 낙양을 평정하였다. 수양제가 거처하고 있던 궁궐을 돌아본 당태종은 감개무량해하며 말했다. '수양제는 덕을 쌓는 데 전력한 것이 아니라 백성들의 피와 땀으로 자기 한 사람의 사치를 누리는 데에만 몰두했구나.' 이때 설수가 그에게 말했다. '옳은 말씀이옵니다. 수양제는 사치스럽고 포악하기 짝이 없사옵니다. 결국 하찮은 말단 무장에게 목이 잘린 것이옵니다. 그래서 천하 사람들의 조소를 받는 것이옵니다.'

장원소(張元素)가 말했다.

"자고로 수양제 때처럼 혼란한 조대는 없었다. 이는 바로 수나라 황제가 전횡하면서 충신의 말을 수용하지 않았기 때문이다. 그리고 법규가 문란해지면서 규제력을 상실한 때문이다. 건양전(乾陽殿)을 신축할 때 부역꾼들은 먼 예장(豫章, 지금의 강서성 남창시)까지 가서 원목을 벌목하여 왔다. 거목 하나를 벌목하고 운반하고 제재하는 데만도 수많은 날들이 걸렸다. 건양궁의 신축은 그런대로 완료되었지만 민심은 완전히 등을 돌리고 말았다."

위징(魏徵)이 말했다.

"수양제는 우세기(虞世基)를 과신하다 보니 도적이 천하에 득실거려도 그는 실상을 모르고 있었다."

"수양제는 과분하게 진귀하고 기이한 음식을 바치게 하였다. 그는 이를 절제할 줄 몰랐다. 그러다 보니 망국을 자초하게 되었다. 천하가 태평할 때는 언제나 천하가 계속 태평할 것이라 믿었다. 또 천하가 망하지 않았을 때는 다 천하가 망하지 않는다고 믿었다. 이처럼 그릇된 생각으로 그는 전쟁을 여러 번 일으켰고 죄 없는 수많은 백성들을 부역으로 내몰았다."

"수양제는 국력이 강대하다고 믿고 후환을 전혀 두려워하지 않았다. 그는 천하에 좋은 것이란 좋은 것은 모두 자기가 향유하려고 했다. 그는 무작정 재물과 여색을 탐하고 고대광실과 호화스런 누각을 신축하였다. 대외적으로는 무력을 과시했고 대내적으로는 의심이 많았다. 군신은 서로 속이고 헐뜯었다. 백성들은 더 이상 견딜 수 없었다. 수양제는 결국 백성들의 손에 숨지고 말았다."

양상여(楊相如)가 말했다.

"수양제는 국력이 강대하다는 것만 믿고 국가 대사에는 별로 신경을 쓰지 않았다. 말로는 요순처럼 듣기 좋게 했지만 실은 하의 걸왕과 상의 주왕처럼 잔인무도하였다. 때문에 그의 손에서 대국이 망하게 되었다."

진자앙(陳子昂)이 말했다.

"수양제는 국가가 강대하고 국고가 풍족하다는 것만 믿고 운하를 파는 등 백성들의 원성을 샀다. 그 결과 수나라는 수난을 당하게 되었고 수양제는 백성들의 손에 죽게 되었다. 수나라의 사직종묘가 한낱 폐허로 되고 말았다."

오경(吳兢)이 말했다.

"수양제는 오만하고 고집이 셌다. 그리고 쓸데없는 자부심으로 들떠 있었다. 그는 요순도 자기와는 비교할 수 없다고 생각했다. 또한 그 누구도 망국이란 말은 입 밖에도 내지 못하게 하였다. 그리고 대신들의 간언을 귀찮게 여겼다. 그는 심지어 '앞으로 누가 과인한테 진언한다면 진언 당시엔 그를 살려 둘 수도 있지만 차후엔 그를 꼭 죽여 버릴 것이다'라고 말하였다. 그러자 정직하고 대쪽같이 올바른 사람들은 하나둘 그의 곁을 떠났다. 지방에서 반란이 일어났지만 사실 그대로 간하였다간 목숨을 잃을 수도 있었기에 신하들 중 그 누구도 사실 그대로 보고하지 않았다. 그러니 수양제가 실상을 알 리 만무하였다."

유종원(柳宗元)이 말했다.

"수나라 통치자는 전국을 하나의 큰 가마로 만들었다. 그리고 아래에 큰불을 지폈다. 가마 밑에서는 불길이 활활 타오르고 가마 안에서는 물이 부글부글 끓었다. 서민 백성들은 바로 이 가마 안에서 울고불고 발버둥 쳤던 것이다."

이각(李珏)이 말했다.

"수(隋) 문제(文帝)는 자질구레한 일에 너무 신경을 썼다. 그래서 신료들은 모두 그의 의심을 받게 되었다. 때문에 수나라는 2대를 넘기지 못하고 망하고 말았다."

이상이 당나라 때 신료 및 사학자들이 수나라에 대해 평가한 내용이다.

명성을 들여다보니 역신이로구나

《한서(漢書)》에 두씨(杜氏)를 가진 두 사람에 관한 기록이 있다.

한 사람은 한(漢) 소제(昭帝) 때의 두연년(杜延年)이다. 그는 대장군 곽광(霍光)의 수하로 있었다. 곽광은 황제를 보필하여 집정할 때 형벌을 아주 엄하게 집행하였다. 그때마다 두연년이 나서서 진언하였다. 두연년의 건의에 따라 국사를 다루다 보니 곽광의 강령은 당시 국정에 딱 맞았다. 이처럼 그들 두 사람은 엄격과 관용으로 서로 보완하면서 국정을 조율하였다. 두연년은 이때부터 현사(賢士)라고 칭송되었다.

다른 한 사람은 한(漢) 성제(成帝) 때의 두흠(杜欽)이다. 그는 대사마(大司馬) 왕봉(王鳳)의 수하에서 일을 보았다. 그는 대홍려(大鴻臚) 풍야왕(馮野王)과 경조군(京兆君) 왕준(王尊)을 구해 준 일이 있다. 당시 조정에서는 좋은 강령이 대체로 두흠이 왕봉을 도와 책정한 것이라고 말했다.

그러나 나는 그들에 대한 평가가 과분하다고 본다. 한두 가지 예만 들어도 그들의 사람됨과 정치적 수단을 엿볼 수 있다.

곽광이 정권을 보좌할 때 후사오(侯史吳)가 죄를 지었다. 곽광은 이때가 다른 세력을 제거할 좋은 기회라 생각하여 후사오를 엄하게 문책하였다. 그때 연루된 사람들이 많았다. 후사오의 죄에 연루되어 살해된 사람 중에는 장관급이 세 명이나 있었다. 이는 분명 조정의 정사에 관련된 일이다. 그러나 두연년은 곽광의 처분을 그대로 눈감아 주었다. 결국 이는 음으로 양으로 곽광을 도와준 셈이 된 것이다.

성제 때 경조윤(京兆尹) 왕장(王章)은 충신이었다. 그는 왕봉의 추천을 받아 경조윤으로 발탁되었다. 그러나 그는 왕봉의 처사에 불만이 많았다. 그리하여 왕장이 성제에게 왕봉을 탄핵해야 한다는 탄원서를 올렸다. 성제도 벌써부터 왕봉을 파면시킬 의향이 있던 터라 그의 간청을 받아들이려 했다.

이때 두흠이 왕봉에게 대책을 말해 주었다. 즉 성제에서 진정서를 올려 잘못을 승인하고 처벌을 내릴 것을 청원한다면 주도권을 잡을 수 있을 것이라고 권고였다. 그러자 주견머리가 없던 성제는 그를 차마 파면시키지 못했다. 왕봉은 이 기회를 이용하여 정계에서 체면을 세워 물러날 생각을 하였다. 이때 두흠이 또 절대로 정계에서 물러나면 안 된다고 왕봉에게 진언하였다. 이에 왕봉이 두흠의 말을 받아들여 잠시 정계를 떠나지 않기로 했다.

그 결과 왕장이 모함을 받고 억울하게 피살되었다. 조정 안팎은 모두 왕장이 억울하게 죽었다며 애석해하였다. 이 일이 왕봉의 장난임을 잘 알고 있는 신료들은 왕봉을 마음속으로 증오하게 되었다. 이때 두흠이 또 그에게 한 가지 계책을 알려 주었다.

"지금 도성 밖의 사람들은 왕장의 죄를 모르고 있습니다. 사람들은 그가 황제에게 잘못 직간하여 문책을 받게 되었다고 알고 있습니다. 대감께서는 이때 성격이 강직하고 감히 직간할 수 있는 사람을 천거하셔야 합니다. 그래야 천하의 사람들에게 천자가 어진 분임을 증명하게 되며 대감께서도 현명한 사람을 기용한다는 칭송을 얻게 될 것입니다. 그렇게 되면 조정 대소 신료들은 왕장이 황제 폐하께 직간하였기 때문에 피살된 것이 아니라고 믿게 될 것입니다. 두고 보십시오. 그때 가서는 유언비어가 저절로 사라지고 말 것입니다."

한평생 정계에서 잔뼈가 굵은 왕봉은 술수에 능란하였다. 그는 두흠의 말대로 처신하여 만조 신료들의 의심을 해소시켰다.

왕망(王莽)이 정권을 찬탈하였을 때 왕봉에게 대권을 맡겼다. 원래 덕망이 좋지 못한 왕봉은 이를 거절하고 정식으로 사표를 내려고 했다. 이때 또 두흠이 그의 참모가 되었다.

"앞으로 나아가면 부귀를 잃지 않을 것입니다. 그러나 뒤로 물러서면 목숨만을 지킬 수 있을 뿐입니다. 그러니 지금은 물러설 때가 아닙니다."

왕봉은 다시 한 번 사표를 낼 생각을 거두었다. 그는 왕망을 도와 국정을 맡아 보았다. 이처럼 두흠은 암암리에 적지 않은 음모를 꾸몄던 사람이다. 다시 말해서 그는 한조의 역신이었다고 할 수 있는 것이다. 그런데도 사서에서는 두흠을 충신으로 여기면서 좋은 강령들이 그의 손을 거쳤다고 칭송하고 있는데, 이는 참으로 황당한 일이다.

충신은 허명이고 실제는 군벌이었다

동한(東漢) 말기 동탁(董卓)의 군사력은 막강하였다. 그는 낙양(洛陽)을 함락한 뒤 황제를 시해하고 하태후(何太后)를 독살하였다. 동탁은 유협(劉協)을 헌제(獻帝)로 추대하였다. 그의 행위는 지방 각지의 자사(刺史)와 태수(太守) 등 지방 관료들의 불만을 야기했다.

지방 관리들은 각처에서 군사를 일으켜 동탁 토벌에 나섰고 각지의 대지주들과 지방의 유지들도 의병에 적극 호응했다. 그러자 동탁을 도우려 근왕(勤王) 의병 중 장사(長沙) 태수(太守) 손견(孫堅)이 가장 먼저 도성에 도착하였다. 이러한 손견의 원군은 동탁을 고무시켰고, 손견은 황실의 상을 받았다. 이를 근거하여《삼국지(三國志)》에 주해를 단 배송지(裴松之)는 손견을 '가장 충성스런 신하'라고 평가하였다.

그러나 사실은 어떠한가?

장사는 당시 형주(荊州, 지금의 호남성 상덕 동쪽)에 속하는 한낱 군

(郡)에 불과하였다. 장사 태수는 형주 자사 왕예(王睿)의 관할과 감독을 받았다. 병을 일으킨 초기에 왕예와 손견이 연합하여 영릉(零陵, 지금의 광서성 전현 북쪽)의 할거 세력들을 평정하였다. 그러나 왕예는 손견을 무관이라고 멸시하였다.

손견은 왕예의 홀대를 이기지 못하여 맘속에 항상 앙심을 품고 있었다. 동탁이 낙양을 점령하고 국권을 탈취하자 왕예는 또 군사를 이끌고 동탁 토벌에 나섰다. 이때 손견은 조정의 사신이란 신분을 이용해 공문서를 위조하여 왕예를 살해하였다. 사사로운 감정을 대의명분을 앞세워 푼 셈이다.

유표(劉表)는 형주(荊州, 유표 때는 형주 소재지를 지금의 호북성 양번으로 옮겼다) 자사로 있을 때 조정에 일심전력으로 충성을 다하였다. 원술(袁術)은 지방 세력 중에서 야심이 가장 큰 군벌이었다. 그는 늘 황제를 향한 야망을 품고 있었다. 손견은 유표와 원술 두 사람 중에서 원술을 선택하였다. 그는 원술의 수하에서 유표를 토벌하려 하였다. 그러나 그는 유표의 수하에 의하여 목이 잘렸다.

손견의 상기 행위에 대해서는 새롭게 평가해야 할 것이다.

한 나라의 수도가 불에 타다

한조(漢朝) 이후 국권을 찬탈한 사람들은 장애물을 제거하고 자신의 지위를 튼튼히 굳히기 위하여 도성을 옮겼다.

동한 말기 동탁이 한나라 헌제를 추대하면서 각지 군벌들에 대한 토벌권을 손아귀에 쥐게 되었다. 그는 도성을 낙양에서 장안(長安, 지금의 섬서성 서안시)으로 옮기려고 하였다.

도성을 옮기면서 동탁은 낙양 인근의 관리와 백성 100만여 명을 서쪽으로 함께 옮기게 하였다. 이 많은 사람들은 서행길에서 서로 약탈하였다. 이로 인해 수없이 많은 무고한 사람들이 서행길에서 불귀의 객이 되었다.

동탁은 장안 쪽으로 이주시킨 사람들이 중도에 이탈할 것을 막는다는 구실로 낙양과 낙양 주변 200리 내의 궁전과 사찰, 관저와 사택을 모두 불사르게 하였다. 이때 직경 200리의 낙양성과 그 주변이 한순간에 집 한 채 없는 폐허로 변해 버렸으니 실로 어이없는 일이 아닐 수 없다.

북위(北魏) 말기 고환(高歡)이 원선견(元善見)을 효정제(孝靜帝)로 옹립하였다. 국가의 대권을 한손에 장악한 고환은 즉시 도성을 낙양에서 업(鄴, 지금의 하북성 임장현 북쪽)으로 옮겼다. 이를 역사상 동위(東魏)라 한다. 도성을 옮기면서 고환은 40만여 세대가 뿌리내리고 살아온 터전을 박탈하고 이들을 낯설고 물선 땅으로 강제 이주시켰다. 이주민들은 이동 중에 기근으로 숱하게 죽어 갔다.

당조(唐朝) 말기 주온(朱溫)이 재상을 살해하고 정권을 수중에 넣었다. 그는 당(唐) 소종(昭宗)을 협박하여 도성을 장안에서 낙양으로 옮기도록 하였다. 주온은 장안의 모든 관리와 백성들을 모두 성 밖으로 내쫓고 장안의 모든 궁궐과 대궐, 그리고 크고 작은 집들을 삽시간에 불바다로 만들어 버렸다.

이상과 같은 천도(遷都)의 역사는 반드시 그 종말이 좋지 않았다. 동탁은 천도 후 얼마 안 되어 죽었고, 한나라는 조조(曹操)가 한 헌제를 허창(許昌)으로 납치한 뒤 얼마 지나지 않아 멸망하였다. 위나라와 당나라도 결국은 고환과 주온의 폭정에 의해 멸망되었다. 흉악한 역적들의 말로는 어쩌면 이처럼 모두 비슷하다는 말인가!

읽을수록 새로운 고전(古典)의 향기와 맛

《한서(漢書)》〈고조기(高祖記)〉에 이런 기록이 있다.

유씨(劉氏)는 원래 진(秦)나라 사람이었으나 위(魏)나라로 나포되어 간 뒤 그곳에 정착하였다. 진 소왕(昭王)이 위나라를 토벌하였고 위 혜왕(惠王)은 도읍지를 대량(大梁, 지금의 하남성 개봉시)으로 천도하였다. 유씨도 천도 때 풍읍(豊邑, 지금의 강소성 풍현)으로 자리를 옮겼다. 이런 근거로 진나라 말기의 주시증(周市曾)은 '풍읍은 과거 위나라의 유민들이 이민하여 건설하였다'고 밝혔다. 때문에 한(漢) 고조(高祖)를 칭송하는 송가에서는 '한나라 황제는 본래 당나라 황제의 후손이다. 그런데 주나라에서 강등되었다가 진나라에서 유씨 성을 가지게 되었다. 그 뒤 위나라로 넘어갔다가 다시 풍읍으로 옮겨 풍공(豊公)으로 추대되었다'고 하였다. 풍공은 태상 황제의 아버지이다.

위에 적은 송사(頌詞)의 원문은 4자 6구로 되어 있다. 구절마다 압운이 잘 되어 있고 언어도 아주 간결하다. 그런데 작자를 밝히지 않았다.《한서》의 주석에서도 작자를 언급하지 않았다.

나는 어렸을 때부터 《한서》를 애독하였다. 지금까지 이 책을 60~70년간을 읽었으니 횟수로는 아마 백 번도 넘을 것이다. 붉은 색으로 줄을 긋고 동그라미를 치고 주석을 단 것도 10여 권이 넘는다. 그런데 한고조의 부친이 풍공이라는 것은 전혀 몰랐다. 요즈음 다시《한서》를 읽다 문득 이 대목에 눈길이 끌렸다. 얼마나 기뻤는지 모른다. 백여 번을 읽었으나 이 대목에 유의하지 않다 보니 그대로 흘러 넘긴 것이다. 새롭게 이 사실을 알고 보니 감개가 무량하다.

참으로 읽고 읽어도 싫증 나지 않는 책은 백 번을 읽어도 그때마다 새롭고 또 새롭다.

치욕도 잊고 새 왕조의 벼슬을 탐하다

위(魏) 문제(文帝) 조비(曹丕)가 후한(後漢) 헌제(獻帝)를 폐위시키고 국호를 위로 고친 후 황제가 되었다. 그는 등극한 즉시 한조(漢朝)의 대신 양표(楊彪)를 태위(太尉)로 임명하려 했으나 양표가 이를 완곡하게 사절하였다.

"황송하옵니다만 소신은 한나라의 대신이었사옵니다. 지금 소신은 노쇠한 데다 병약한 몸이오니 폐하의 어명에 따르려고 해도 기력이 모자라옵니다."

양표가 불응하자 조비는 할 수 없이 그를 한직인 광록대부(光祿大夫)에 임명하였다.

반면 재상이었던 화흠(華歆)의 낯색은 좋지 못했다. 조비가 한나라의 국권을 찬탈한 뒤 위나라를 세울 때 많은 옛 신하들을 기용하였다. 또한 적지 않은 대신들에게는 작위까지 하사하였다. 그런데 재상이었던 자신에게는 어떤 작위도 내려 주지 않고, 다만 그를 사도(司徒)로 임명했을 뿐이었기 때문이다.

조비는 이 일을 못내 못마땅하게 여겼다. 하루는 상서령(尙書令) 진군(陳郡)을 궁궐로 불렀다.

"과인은 천명에 순응하여 황제가 된 것이오. 문무백관들은 모두 이를 기뻐하고 좋아하고 있소. 그런데 상국(相國)인 화흠 대감과 상서령인 그대만이 기뻐하지 않고 있소이다. 이는 대관절 무슨 영문이오? 어디 한번 속 시원히 얘기해 보시구려."

진군은 걸상에서 일어나 조비 앞에 꿇어앉았다.

"황송하옵니다, 폐하. 소신과 화흠은 모두 한조(漢朝)의 대신이 옵니다. 이제 폐하께서 천자가 되셨사옵니다. 저희들도 속으로 무척 기뻐하옵니다. 다만 겉으로 분개한 듯하는 입장을 보여 주어야 남들의 지탄을 받지 않을 수 있사옵니다."

이 말을 들은 조비는 그제야 흡족해하였다.

조비가 한나라의 국권을 찬탈하였으니 원래 한조의 대신들은 이에 분개해야 마땅하였다. 설사 조비에 맞서 그 세력을 물리칠 힘이 없다손 치더라도 어찌 치욕을 참고 위조에서 다시 고관대작으로 있을 수 있었겠는가!

화흠과 진군은 당시 명신이었다. 하지만 그들의 절조도 기껏해야 그 정도였으니 한심한 일이 아닐 수 없다. 양표도 겸손한 말로 다만 높은 벼슬자리를 거절했을 뿐이다. 그 때문에 다행히 목숨은 건질 수 있었다. 그 누구도 감히 조비에게 한나라 국권을 찬탈한 죄를 묻는 대신이 없었다. 이는 무엇 때문일까?

당고지화(黨錮之禍)가 있은 때부터 천하에 현명하다고 알려진 사대부들인 이응(李膺)·범방(范滂) 등이 모두 가차 없이 살해당하였다. 살아남은 사람은 몇 되지 않았다. 때문에 사대부들은 목숨을 아껴 겨우 양표 정도로밖에 사대부의 절개를 지키지 못했다. 사대부들의 기풍이 이처럼 피폐해졌으니 참으로 안타까운 노릇이다.

송나라의 역신 장순(章淳)과 채경(蔡京)이 국권을 주무를 때인 원우(元祐) 연간에 선량하고 강직한 선비들을 깡그리 없애 버리려고 하였다. 그때 많은 강직한 사대부들과 신료들이 투옥되었다. 그 결과 정강지화(靖康之禍)를 초래하게 되었다. 그때 화흠·진군과 같은 태도를 취하지 않은 사람은 참으로 드물었다.

사람의 흥망성쇠는 하늘의 뜻에 달렸다

사람들은 종종 의식적으로 재난을 피하려 한다. 그러나 때로는 그 것이 뜻대로 되지 않아 일부러 피하려고 안달하는 것보다 순리에 맡겨 자연스럽게 흘러가도록 놔두는 편이 더 좋을 때도 있다. 물론 언제나 다 이렇게 해야 한다는 말은 아니다.

동탁(董卓)이 국권을 찬탈하였지만 평판이 좋지 못해 따르는 사 람들이 많지 않았다. 그는 위주(渭州, 지금의 섬서성 매현 위하 북쪽)에 대형 창고를 지었다. 그리고 그곳에 족히 30년은 먹을 수 있는 식 량을 비축하여 두었다. 동탁이 흐뭇하여 말했다.

"만약 천하를 얻게 된다면 이 식량만 갖고도 여생을 충분히 먹고 살 수 있다."

그런데 동탁의 미몽은 하루아침에 깨지고 말았다. 그의 양아들 왕윤포(王允佈)가 함정을 파 놓은 것이다. 동탁은 왕윤포의 함정에 빠져 비참하게 죽었다. 하늘도 무심하지, 애써 정권을 탈취한 동탁을 그토록 허망하게 데려갔으니 말이다.

유주(幽州)를 점거한 공손찬(公孫瓚)이 성벽을 쌓고 그곳을 도성으로 정했다. 성곽에는 수많은 망루를 지었다. 그는 넉넉하게 식량을 비축하였고 군사력도 강대하였다. 공손찬은 이만하면 그 어떤 침공도 막아 낼 수 있다고 믿었다. 그러나 그는 조조의 습격을 받고 하루아침에 성을 빼앗기고 말았으며 자신의 생명도 부지하지 못했다.

사마의(司馬懿)가 조상(曹爽)이 모반을 꾀한다고 상주하였다. 대사마(大司馬) 환범(桓範)이 조상에게 천자의 어명을 빌려 군사를 일으킨다면 살아남을 수 있다고 권고하였다. 조상은 그의 진언을 받아들이지 않았다. 그는 "부귀영화를 누리는 이 사람을 누가 함부로 건드려!" 하며 눈앞에 죽음이 닥친 것도 염두에 두지 않았다. 그 결과 부귀영화와 조상은 인연이 그리 길지 않게 되었다.

서진(西晉)의 장화(張華)는 아주 유명한 모략가였다. 그를 두고 '당세자산(當世子産)'이라고까지 높이 평가하였다. 혜제(惠帝) 사마충(司馬衷)이 집권할 때 실권은 가황후(賈皇后)와 그의 측근들이 장악하였다. 그때 장화는 광록대부(光祿大夫) 대사공(大司空)이라는 높은 관직에 있었다. 장화의 막내아들이 조정의 혼란한 정국을 감안하여 아버지인 장화에게 진언하였다.

"하늘에는 삼태성이 있고 인간 세상에는 삼공(三公)이 있사옵니다. 지금 하늘의 삼태성 중 중대성이 분리되었사옵니다. 이는 불길한 조짐이옵니다. 아버님께서 하루빨리 퇴직하는 것이 좋을 듯하옵니다."

장화는 막내아들의 말을 듣는 둥 마는 둥 했다.

"하늘의 도리란 현묘하고 심원하니라. 내가 조용히 변화를 기다려 보겠느니라."

그 결과 장화는 조왕(趙王) 사마륜(司馬倫)에 의해 살해되었다. 형세가 이미 우유부단할 때가 아닌데도 조용히 변화를 기다려 보겠다니 정말 총명한 사람이 백치 노릇을 한 것이나 다름없다. 웃음이 절로 나오지 않을 수 없다.

장화와 같이 지식이 많고 지혜가 출중한 사람도 한치 앞을 내다보지 못했으니 다른 평범한 사람이야 더 말해 무엇하랴!

일을 끝내 잘 성사시키려면 그 시기를 잘 파악해야 한다. 그렇지 못하면 재난을 면치 못하는 것이다.

기회조차 주어지지 않으니 실로 원통하구나

삼국시대 위(魏)나라의 진서장군(鎭西將軍) 등애(鄧艾)가 사천을 향해 맹공격을 퍼부었다. 가는 곳마다 첩보를 올리며 전진한 등애는 마침내 성도(成都, 지금의 사천성 성도시)를 함락하고 촉(蜀)나라를 멸망시켰다. 촉의 황제 유선(劉禪)은 대장군 강유(姜維)더러 위나라 장군 종회(鐘會)에게 투항하라는 어명까지 내렸다.

강유의 장령들은 유선의 어명을 받고 비분을 참지 못해 뜨거운 눈물을 흘렸으며 칼을 빼들어 바위를 내리치며 한탄했다. 망국의 치욕을 참을 수 없었던 것이다. 임금이 무능하면 삼군(三軍)이 치욕을 당하는 법이다.

위군(魏軍)이 후연(後燕)의 도성인 중산(中山, 지금의 하북성 정현)을 쥐새끼 한 마리 빠져나가지 못할 정도로 촘촘히 포위하였다. 그런데 어찌 된 일인지 포위만 하였을 뿐 성을 공격할 생각은 하지 않았다. 시간이 오래 지나자 연나라의 장병들은 성문을 열고 나가 위군과 한바탕 결전을 펼치려 했다. 몇 천 명의 연군이 연왕 모용린(慕容麟)에게 출전을 요청했다. 그런데 모용린은 장병들의 요구를 전혀 들어주지 않았다. 장병들은 그만 사기가 떨어져 땅이 꺼지도록 한숨만 내쉬었다. 위군은 이 기회를 빌려 일거에 중산성을 함락하고 후연을 멸망시켰다. 모용린도 결국 천자와 인연이 끊어지게 되었다.

오대(五代) 시기 거란(契丹)이 연속해서 후진(後晉)을 공격하였다. 그러나 후진은 두려워하지 않고 거란의 공격에 대항하여 결전을 벌였고, 매번 승리로 이끌었다. 그런데 대장군 두중위(杜重威)가 거란군에 투항하려고 했다. 두중위는 자신의 투항 계획을 달성시키기 위해 속임수를 썼다. 그는 거란군이 이제 막 성내로 진공할 것이니 그들이 손쓰기 전에 성 밖에 진을 치고 적군의 진공에 반격해야 한다고 했다.

장병들의 사기는 하늘을 찌를 듯한지라 두중위의 한마디 명령에 호응하고 나섰다. 그러나 정작 성 밖으로 출진하자 두중위는 적군의 공격에 저항해서는 안 된다는 명령을 하달하였다. 진군(晉軍)은 이렇게 반항도 제대로 못해 보고 모두 생포되었다. 진나라 장병

들은 너무 기가 막히고 억울하고 수치스러워 땅을 치며 대성통곡
하였다. 울분이 넘치는 진나라 장병들의 울음소리는 참으로 처참
하고 비장하였다.

　나는 얼마 전에《정강실록(靖康實錄)》을 편찬하였다. 나는 이 책
을 편찬하면서 정강 연간에 나라를 잃는 재난을 당한 송나라의 국
사가 한스러웠다. 당당한 중원대국 송나라에는 몇 만의 정예 대군
이 있었다. 그런데 무엇 때문에 하늘에 사무치는 치욕을 가만히 앉
아서 당해야 했는가! 적군의 침공에 대항해 맞서면 얼마든지 이길
것인데도 군졸 한 명 움직이지 않고 칼 한 번 빼들어 보지 못한 채
도성 안에 움츠리고 앉아 있다가 결국 나라를 망치고 말았던 것이
다. 도성 주변에 주둔하고 있던 송나라 군사들 중에는 촉·연·진
등의 장병처럼 나라의 치욕을 이기지 못하여 울분을 터뜨린 사람
조차 없었으니 얼마나 개탄스러운 일인가!
　최근 주신중(朱新仲)의《시집(詩集)》을 읽다가 〈기석행(記昔行)〉
이란 시에 눈길이 멈추었다. 이 시는 당시 정강 연간의 치욕을 읊
은 시였다.

　　이 늙은이도 전투를 못해

분개하여 죽을 지경이거니

장맛비 속에 돋아난 종기

언제 가야 나을 건가!

충의에 넘치는 사람이 없었던 것은 아니었다. 다만 그들에게 큰
포부를 실현할 기회를 주지 않았을 뿐이다.

남의 칼을 빌려 사람을 죽이다

삼국시대 조조(曹操) · 유비(劉備) · 손권(孫權) 3인이 천하를 두고 쟁탈전을 벌이고 있었다. 그들은 먼저 튼튼한 근거지를 구축하고 강대한 초군사를 육성하였으며 천하의 인재를 모집하였다. 더욱이 조조는 천하의 재사(才士)를 모조리 자기한테로 끌어오기 위하여 덕이야 어떻든 능력과 재간만 있으면 반드시 중용할 것이라는 약속까지 하였다. 아닌 게 아니라 이 약속은 효과를 보아 수많은 재사들이 조조의 진영으로 구름처럼 모여들었다.

그런데 유독 한 사람만은 조조를 시답지 않게 여겼다. 그는 스스로 말하기를, 자기의 재능은 누구도 당할 자가 없으니 누구에게도 고개를 숙이지 않겠다고 했다. 그러나 그런 그도 조조 수하에 있는 사람 중 두 사람만은 존중한다고 하였으니, 그 한 사람은 공자의 20대 세손인 공융(孔融)이요, 다른 한 사람은 양수(楊修)였다. 이렇게 말한 사람은 당시 유명한 처사(處士)였던 예형(禰衡)이었다.

예형은 어릴 때부터 총명이 넘치고 재능이 남달리 뛰어났다. 그런데 성격이 괴팍하고 오만하기로 소문이 자자했다. 스물네 살 때 그가 친구들과 함께 허창(許昌)을 유람하였다.

그때 그는 열혈 청년인지라 그 누구도 눈에 차지 않았다. 친구들에 대해서도 단점만 자꾸 꼬집어 내었고 장점은 보려고도 하지 않았다. 그래서 그의 주변에는 친구가 많지 않았다. 다만 소부관(少府官)으로 있던 공융(孔融)이 그의 재질에 탄복하였고 그를 여러 번 조조에게 천거하였다.

예형은 솔직하고 대범한 사람입니다. 총명이 넘쳐 나고 재능이 남달리 뛰어나며 포부도 원대합니다. 그는 추악한 일을 그저 지나치지 못하는 불같은 성격을 가졌습니다. 고대에 유명한 직언을 잘하는 관리나 어사들도 그와 비기지 못합니다. 예형과 같은 비범한 재능을 지닌 인재는 정말 대낮에 초롱불을 켜고 찾아도 찾기가 어려울 것입니다.

공융의 천거를 듣고 난 조조는 그를 한번 직접 보고 싶었다. 그런데 예형은 원래부터 조조를 좋게 보지 않았던지라 조조가 불러도 그에 응대하지도 않았고 심지어 듣기 거북한 말까지 내뱉었다.

조조가 이 일을 전해 듣고 노발대발하였다. 당장 그자를 잡아와 죽이지 못하는 것이 한스러웠다. 그러나 고쳐 생각한즉 예형은 정직한 인재인지라 섣불리 그를 살해했다간 재능 있는 인재를 아낀다는 자신의 이미지에 먹칠을 할 수도 있을 것이었다. 겨우겨우 노여움을 삭이긴 했으나 그렇다고 조조가 가만히 있을 위인이 아니었다. 조조는 어떻게든 기회를 만들어 그의 오만을 납작하게 눌러 놓고 단단히 길을 들이리라고 작심하였다.

그러면 조조가 꾸민 계략이란 어떤 것이었을까?

예형이 북을 잘 치는 장기가 있다는 말을 들은 조조에게 묘한 꾀가 떠올랐다. 그는 우선 예형을 군부에서 북을 치는 자그마한 관리직으로 임명했다.

해마다 8월이면 대조회(大朝會)가 열렸다. 대조회 때는 규정에 따라 고리(鼓吏, 북을 치는 관리)들이 평상복을 벗고 신분과 지위를 보여 주는 고리복을 입어야 했다. 예형이 군부 말단 지위의 자그마한 관급의 관복을 입고 수많은 손님들 앞에 나타나면 그의 체면은 깎일 대로 깎이게 되는 것이다.

그러나 예형은 평상복을 그대로 입고 나왔다. 조회 지휘자가 그에게 빨리 고리복으로 갈아입으라고 호통을 쳤다. 예형은 조조가 보는 앞에서 평상복을 훌훌 벗어던져 알몸을 조조에게 다 보인 다음 고리복으로 갈아입었다. 그 광경을 본 조조가 투덜거렸다.

"내가 저 녀석을 욕보이려다가 오히려 내가 욕을 당했구나!"

일이 이같이 번지자 조조에게 예형을 천거한 공융은 안절부절 못했다. 공융이 예형을 찾아가 한바탕 그를 꾸짖었다.

"조조는 인재를 아끼고 사랑하는 현명한 재상이네. 그에게 지난 날의 잘못을 빌면 자네의 허물을 용서할 것이니 그를 꼭 한번 찾아 가 보게."

그러자 예형도 그제야 조조를 만나겠노라 대답했다.

공융이 다시 조조를 찾아갔다. 예형에게 지랄병이 있어 때로 발 작하기도 한다면서 절대로 고의적으로 한 일은 아니라고 극구 해 명하였다. 이제 예형이 잘못을 뉘우치고 사죄하려 하니 그를 만나 주는 것이 좋겠다고 진언하였다. 조조는 속으로 은근히 기뻤다.

"흠, 그러면 그렇지. 네 녀석이 고개를 숙이지 않고 견딜 수 있겠 느냐! 나도 헛수고를 한 건 아니군."

조조가 대문을 지키는 위병에게 명령했다.

"이봐라. 손님이 찾아오거들랑 그를 안으로 뫼셔라. 그리고 상빈 대우에 해당하는 주안상을 차리도록 하거라!"

과연 예형이 조조를 찾아왔다. 그러나 사실 그는 사죄하러 온 것 이 아니라 조조 앞에서 다시 한 번 지랄병을 부리러 왔던 것이다.

예형은 시골 노인의 차림새에 석 자나 되는 지팡이를 짚고 조조의 대문 밖에 서 있었다. 그러고는 지팡이로 땅을 내리치며 난데없는 욕설을 퍼부었다.

위병이 어찌 된 영문인지 몰라 조조에게 보고하였다.

"대문 밖에 웬 미치광이가 욕지거리를 하며 떠들어 댑니다. 당장 잡아 올려 문죄하시지 않겠습니까?"

이 말에 조조가 대노하였다. 조조는 공융을 향해 고래고래 소리 질렀다.

"예형이 이처럼 무례하게 굴다니 어찌 된 영문이오? 그놈을 잡아 죽이는 것은 쥐새끼 한 마리 밟아 죽이는 것보다 쉽소. 허명이라도 있으니 다행이지, 아니면 벌써 없애 버렸을 것이오! 오늘 내가 그놈을 죽이면 내막을 모르는 사람들은 나를 두고 직언하는 사람을 용서하지 못하는 소인배로 볼 것이니 참 답답하구려!"

조조는 이번에도 욕을 본 꼴이 되었다. 예형을 죽일 수도 없고 그렇다고 그가 조조의 말을 받아들이지도 않았다. 이러지도 저러지도 못 하던 조조는 예형을 유표(劉表)에게로 보내 일이 어떻게 되는지 보기로 했다.

유표에게 당도한 예형은 유표마저 깔보며 조롱했는데 조조에게 한 것보다 더했다. 이는 조조가 생각한 대로였다. 얼마 후 조조가 예형을 자신에게 보낸 이유를 눈치 챈 유표는 예형을 다시 하구(夏口)에 주둔하고 있는 황조(黃祖)에게로 보냈다. 황조는 성격이 난폭한 장군이었다. 한번은 연회석에서 예형이 황조에게 불손한 말을 던졌다. 그러자 황조는 홧김에 그를 죽여 버렸다.

정직하고 솔직한 천하의 재사가 이렇게 명분 없이 목숨을 잃고 만 것은 애석한 일이다. 모르긴 하나 예형이 조조의 부름에 응하여 그의 수하에서 중임을 맡았더라도 결국에는 조조의 손에 죽었을 것이다.

조조는 당시 이미 국권을 찬탈하려는 야심을 품고 있었고, 그의 야심은 한실(漢室)에 충성을 다하는 정직한 대신들의 반발을 부르게 될 것이었다. 이 정직한 군자(君子)에는 공융과 양수도 포함된다. 그래서 공융과 양수도 뒷날 조조의 정적이 되었다.

소동파(蘇東坡)가 이런 말을 하였다.

"공융은 조조를 난세의 간웅이라 보았다. 그 두 사람은 본래부터 서로가 맞서고 있던 사이였다. 그렇기 때문에 공융이 조조를 살해하지 않으면 조조가 공융을 해칠 것이다."

훗날 과연 공융과 양수는 둘 다 조조에게 죽임을 당했다. 예형이 조조의 수하에 있었다면 그도 공융과 양수처럼 조조의 손아귀에서 귀신이 되었을 것이다.

예형과 같이 총명하고 유능하며 포부가 큰 사람이 콧대만 높고 오만하여 나라를 위해 재능을 바치지 못하고 값없는 죽임을 당하여 역사의 깊은 골에 묻혀 버리고 만 것은 참으로 애석한 일이다. 예형은 자신이 지은 〈앵무부(鸚鵡賦)〉에서 시를 통해 자신의 진실한 감정을 토로하였다.

높고 험준한 곳을 날아다니며 기뻐하고
호젓하고 깊은 곳에 머무르며 노니누나
높이 날아올라도 무리를 짓지 않고
깃을 치며 날아 내릴 땐 수풀만 찾아 내리누나
깃털을 다듬으며 즐거움을 만끽해도
다진 마음이야 변할 수가 있으랴
물길을 조용히 가르며 소문 없이 아름다움을 뽐낼 뿐
뭇 새들과 함께 날며 높낮음을 다툴 것이 그 무엇이랴

그는 앵무새를 찬미하는 시를 통해 자신의 대의와 정기를 표현했다. 이 작품에는 자신의 감정을 토로한 대목들이 꽤 많은데, 이 작품의 마지막 구절을 보도록 하자.

다만 소임을 정성껏 다할 뿐
은혜를 받아 안았다고 초지를 굽힐 수가 있겠는가
이 몸이 죽고 죽어도 덕망 하나는 지킬 것이니
이 글을 지어 우둔함을 표달하노라

당나라 대시인 이백도 예형을 읊은 시가 있다.

위제는 위엄이 당당하여 천하에 안 따르는 자 없는데
예형이란 사람 앞에는 한낱 개미에 불과하다
황조라는 조잡한 사람이 감히 인재를 거느릴까
예형을 죽여 악명만 남기었어라
오강의 도도한 흐름을 보며 앵무를 읊은 시를 지었고
팔 끝이 날리는 대로 뭇 영재들이 고개를 못 드네
쟁쟁한 그 소리는 금석을 울리는 소리요
구절구절 갈피마다 푸덕거리는 날갯짓이 들리네
물수리가 화닥닥 놀라 외로운 봄을 쫓는 듯
천추가 지났어도 나의 맘은 슬프기만 하네

이 시는 가장 공정하게 예형을 묘사한 시라고 하겠다. 예형의 일

생은 '직언은 화를 자초한다'는 도리를 잘 설명해 주고 있다고 하
겠다.

권세에 눈이 멀면 위태로움을 보지 못한다

사회(謝晦)가 남송의 우위장군(右衛將軍)으로 있을 때는 권세가 대단하였다. 팽성(彭城, 지금의 강소성 서주시)에서 식솔을 도성으로 옮겨 오자 그의 집을 찾는 사람들이 문전성시를 이루었다. 그의 형인 사담(謝瞻)은 겁을 더럭 먹고 동생에게 권고하였다.

"아우는 아직 직위가 높은 편이 아니야. 그런데 매일 아우를 찾는 사람이 너무 많으니 형인 내가 아무래도 근심이 되는구나. 어쩐지 불길한 예감이 드는구나. 이것은 우리 집의 복이 아님을 명심하거라."

그러나 사회는 형의 말을 별로 개의치 않았다. 그러자 사담은 울타리로 뜨락을 갈라놓으며 중얼거렸다.

"난 차마 이 광경을 눈 뜨고 못 보겠어."

사회의 지위가 점차 높아짐에 따라 사담의 근심은 점점 더 커갔다. 사담은 결국 우울증을 풀지 못하고 병사하였다. 사담이 죽은

지 얼마 안 되어 사회는 패역무도한 모반죄란 모함을 받고 목이 잘렸다.

안준(顔竣)이 송(宋) 효제(孝帝)를 보필하면서 국권을 주물렀다. 그는 송효제의 총애를 힘입어 조정의 실권을 오로지하였다. 그의 부친 안연지(顔延之)가 그에게 조용히 경고하였다.

"나는 한평생 권세가들을 가장 멀리 했느니라. 그런데 지금 내가 권세가인 너를 가까이해야 하니 참 운이 없구나."

하루는 안준이 아직 일어나지도 않은 이른 아침에 손님들이 문전성시를 이루었다. 안연지가 노발대발하였다.

"네 녀석은 똥을 먹고 자랐구나! 지금 빛 뿌리가 구름 위에 떠 있다고 너무 권세를 부리지 말거라! 그러다간 너의 앞날도 오래가지 못할 것이다!"

과연 그 뒤 얼마 지나지 않아 안준은 송효제에게 살해되었다.

안연지와 사담은 모두 선견지명이 있는 사람들이다. 또한 어진 부친이고 형님이었다. 사회와 안준이 부친과 형의 충고를 받고 매사에 조심했더라면 목숨을 잃지 않을 수도 있었다.

고영(高潁)이 복야(僕射)로 있으면서 수(隋) 양제(煬帝)를 보필했다. 관직이 높고 권세도 당당한 그에게 모친이 넌지시 경고했다.

"매사에 조심하거라. 지금 부귀영화를 누린다고 하더라도 앞으로 살신지화가 올지 누가 알겠느냐?"

고영은 어머니의 말을 듣고 대단히 불안해하였다. 훗날 그는 아예 사직서를 내고 서민이 되었다. 그런데도 그는 나중에 수양제의 손아귀를 벗어나지 못하였다.

당조(唐朝) 때 반맹양(潘孟陽)은 불혹의 나이가 되기도 전에 시랑(侍郎)으로 발탁되었다. 그의 모친이 그에게 당부하였다.

"너는 재능이 많아 벌써 시랑이 되었으나 이 어미는 근심뿐이구나. 너의 앞날이 걱정스럽다."

훗날 반맹양은 과연 모친의 근심대로 죽을죄를 짓고 말았다.

저연(褚淵)이 소도성(蕭道成)을 도와 송나라의 국권을 찬탈하고 제(齊)나라를 세웠다. 저연 본인은 큰일을 성사했다고 득의양양했다. 그러나 남들은 그렇게 보지 않았다. 당제 저조(褚照)가 저연의 아들 저분(褚賁)에게 넌지시 귀띔했다.

"네 아버지가 송나라 강산을 제나라에 떠안겨 주는 심보가 뭔지 모르겠구나."

저연이 죽은 뒤 아들 저분은 절개를 지키지 않은 아버지의 일에 더없는 수치감을 갖게 되었다. 그래서 관직을 사직하고 시골로 내려가 은거하였다.

왕안(王晏)이 제(齊) 명제(明帝)를 도와 국권을 찬탈하였다. 동생 왕사원(王思遠)이 형에게 권고했다.

"형님, 아무래도 앞날이 심상치 않으니 사직서를 내는 게 좋을 듯합니다. 지금 물러나면 혹시 변을 피할 수도 있지 않겠습니까."

그러나 왕안은 동생의 말을 듣지 않았다. 그리고 곧 표기장군(驃騎將軍)으로 진급되었다. 왕안은 내심 기쁨을 감추지 못했다.

"지난날 사원이가 나에게 사직서를 내라고 했지만 안 듣기를 잘했지. 그 앤 괜한 걱정만 한 셈이로군."

이때 동생 왕사원이 또 그에게 경고하였다.

"형님, 지금이라도 늦지 않았으니 빨리 사직서를 내고 관직을 그만두십시오. 앞으로 꼭 재앙이 닥칠 것입니다."

왕안이 길게 한숨을 내쉬었다.

"허참, 너도 괴짜로구나. 세상에 죽을 일이 있다고 권유하는 사람이 어디 있단 말이냐?"

과연 사원의 말이 빗나가지 않았다. 제명제는 훗날 왕안이 반역
죄를 지었다면서 살해해 버렸다.

'수재(秀才)'란 명칭의 유래

'수재(秀才)'란 명칭은 남북조 시대부터 불렸다. 수재는 원래 과거에서 장원급제한 자에 한해서 부르는 명칭이다. 그런데 송나라 때에 들어와서는 수재란 말이 장원급제한 자를 호칭하는 데 쓰이지 않고 남을 경시할 때 불리는 말로 사용되었다. 그래서 누가 자기에게 수재라 하면 모두 불쾌해하였다.

내가 《북사(北史)》〈두정현전(杜正玄傳)〉을 읽다가 '수재'에 담긴 이야기를 발견하였다.

수(隋) 문제(文帝) 개황(開皇) 15년(596년), 수나라는 전국적으로 과거시험을 실시하였다. 수험생이 지은 책론(策論)의 좋고 나쁨에 따라 수재를 선발하였다. 시험관 조사(曹司)가 선발된 책론을 들고 좌복야(左僕射, 재상에 해당한 관직) 양소(楊素)에게 바쳤다. 선발된 수험생의 책론을 다 읽고 난 양소가 노발대발하였다.

"주공(周公)이나 공자(孔子)와 같은 사람이 다시 태어난다 해도 수재가 되기 어렵다는 것을 모르는가! 그런데 이게 뭔가? 자사(刺史)란 작자는 도대체 어떤 위인이야, 이렇게 책임도 지지 않고 되는대로 인재를 추천하다니 어디 될 말인가! 그가 추천한 두정현(杜正玄)이란 사람이 정말 수재라도 된단 말인가!"

말을 마친 양소는 책론을 바닥에 내동댕이쳤다.

당시 수재 과거시험에 수험생으로 추천된 사람은 전국적으로 두정현(杜正玄) 한 사람밖에 없었다.

훗날 시험관이 다시 책론을 양소에게 올렸다. 양소는 두정현의 처사를 불만족스럽게 생각하여 그를 낙방시키려고 했다. 그렇다고 아무런 구실도 없이 파면할 수도 없었다. 양소는 두정현에게 사마상여(司馬相如)의《상림부(上林賦)》, 왕포(王褒)의《성주득현신송(聖主得賢臣頌)》, 반고(班固)의《연연산명(燕然山銘)》, 장재(張載)의《검각명(劍閣銘)》,《백앵무부(白鸚鵡賦)》등을 본따 글을 지어 보라고 명령했다. 양소는 일부러 두정현을 골탕 먹일 심산이었다.

"난 자네를 이곳에서 밤을 새우게 할 수 없네. 그러니 알아서 미시(未時, 즉 오후 1시부터 3시까지) 전에 이 모든 것을 다 지어 놓도록 하게!"

두정현은 양소의 분부대로 미시가 되자 모든 것을 다 지어 양소에게 바쳤다. 양소는 두정현이 써 바친 글을 이리저리 뜯어보며 트

집을 잡으려고 해도 잡을 곳이 없었다. 그때야 감탄을 금치 못하고 두정현을 칭찬하였다.

"당신은 확실히 대단한 수재구먼!"

뒤이어 시험관에게 두정현을 받아들이도록 명을 내렸다.

이로 미루어 볼 때 당시 수재는 최고의 학자를 두고 호칭하던 명칭이었던 것이 분명하다.

이듬해 두정현의 동생 두정장(杜正藏)도 과거를 보게 되었다. 당시 과거의 시험관은 소위(蘇威)였다. 그는 두정장에게 《과진론(過秦論)》을 본따 글을 지어 보라고 하였다. 또 《상서(尙書)》, 《탕서(湯誓)》, 《장인잠(匠人箴)》, 《연리수부(連理樹賦)》, 《궤부(几賦)》, 《궁명(弓銘)》 등을 본따 글을 지어 바치라 하였다. 그도 제한된 시간 내에 규정된 글을 모두 지어 바쳤다. 그의 글도 문자가 유창하고 논리가 정연하였다. 보통 사람들은 전혀 엄두도 못 낼 정도였다.

《당서(唐書)》 〈두정륜전(杜正倫傳)〉에는 이렇게 기록하고 있다.

수나라 때는 수재를 아주 중시하였다. 전국에 수재는 열 명도 되지 않았다. 그중 두정륜 일가에서 세 명의 수재가 나왔다. 그들은 모두 당시 장원급제하였다.

용하다고 하여 관상가의 말을 다 믿어야 하는가

과거엔 용한 관상가들이 많았다. 사람의 얼굴만 보고도 그에 따른 화복과 미래를 예언하였다. 용한 역술가들의 예언은 너무나 신기하게도 잘 맞았다. 후당(後唐) 장종(莊宗) 때 주현표(周玄豹)라는 관상가가 있었는데 그는 주로 면상을 보고 그 사람의 일생대사를 점지하는 재간이 있었다. 그의 예언은 거의 다 맞았다.

후당 장종의 동생 이사원(李嗣源, 뒷날의 당명종)이 내아지휘사(內衙指揮使)로 있을 때다. 주현표의 관상술이 유명하다는 말을 들은 이사원이 주현표의 허실을 한번 떠보려 했다. 그는 다른 사람에게 내아지휘사의 관복을 입히고 내아지휘사 의자에 앉게 하였다. 그리고 주현표를 대궐로 불렀다. 이사원 자신은 계단 아래서 주현표의 거동을 지켜보았다.

주현표가 전갈을 받고 대궐로 들어갔다. 좌중에 앉은 사람을 여기저기 뜯어보던 주현표가 혼잣말로 중얼거렸다.

"이상하다. 이 사람은 아무래도 내아지휘사 같은 높은 관직에 있을 상이 아닌데……. 내아지휘사라면 아주 부귀영화를 누릴 얼굴상이어야 하는데, 이 사람의 얼굴은 그런 얼굴이 아니야. 어디 다른 사람을 둘러봐야겠군."

말을 마친 그가 주변에 서 있던 사람들을 하나하나 뜯어보았다. 그러다 이사원의 얼굴을 한참 동안 들여다보더니 눈가에 잔잔한 미소가 일어났다.

"이분이 바로 내아지휘사이옵니다. 소인의 눈은 속이지 못하옵니다."

이사원은 깜짝 놀라 그때부터 주현표를 용한 관상가로 인정하였다. 이어 주현표는 이사원의 앞날을 말해 주었다.

"천자의 얼굴상이니 앞으로 천자가 될 것이옵니다."

그때야 이사원은 주현표의 관상술에 진심으로 탄복하였다.

그 뒤 당장종 이존욱(李存勖)이 궁정 쿠데타로 피살되자 이사원이 군사를 이끌고 낙양을 점령하고 황제가 되었다. 이때 그는 주현표의 예언이 생각나 그를 궁궐로 불러들였다. 그러고는 자신 곁에 항상 있으면서 앞날의 좋은 일들을 점지하도록 하게 하려고 했다. 그러자 이때 재상 조봉(趙鳳)이 극구 말렸다. 관상술을 너무 믿으면 때론 큰일을 망칠 수 있다는 것이었다. 이사원은 재상의 진언을 물리칠 수 없어 원래의 계획을 거두어들였다.

　그러나 주현표의 관상술도 때로는 맞지 않을 때가 있었다. 당시 별로 알려지지 않은 풍도(馮道)란 사람이 있었다. 그가 경성(景城, 지금의 하북성 교하현 동북)에서 태원(太原, 지금의 산서성 태원시)으로 돌아왔다. 감군사(監軍使) 장승업(張承業)이 그를 받아들여 수하에 순관(巡官)으로 임명하였다. 장승업은 풍도의 능력을 높이 평가하면서 그를 매우 총애하였다.
　그런데 풍도의 상을 본 주현표가 장승업에게 귀띔했다.
　"장군님, 이 사람은 앞으로 큰일을 할 상이 아닙니다. 그를 너무 중시하는 것은 바람직하지 않습니다."
　이때 관상술이 뭔지도 모르는 한 서기관인 노질(盧質)이 주현표의 말을 반박하였다.
　"장군님, 아니옵니다. 일전에 소인이 두황상(杜黃常)이 편찬한 진인도(眞人圖)를 보았사옵니다. 그 책에 나오는 위인 중 풍도와 얼굴 모습이 똑같은 사람이 있사옵니다. 풍도는 앞으로 꼭 큰일을 할 사람이옵니다. 주현표의 말을 너무 믿지 않는 것이 좋을 듯하옵니다."
　장승업은 노질의 진언을 받아들여 풍도를 패부종사관(覇府從事

官)으로 진급시켰다. 이때로부터 풍도의 벼슬길은 넓게 트여 마침내 재상까지 되었으며 그 뒤로 탄탄대로를 달렸다. 후진(後晉)이 후당(後唐)을 멸망시킨 뒤에도 풍도는 좌의정에 기용되었다. 이처럼 풍도는 5대(五代)를 거치면서 수많은 문무대신들 중에서 그 누구보다도 조정의 높은 대우를 받았고 부귀영화를 누렸다.

풍도의 운명은 실로 주현표가 예견한 것과는 정반대였다. 그의 운명은 그의 용모에서 보아 알 수 있었으나 관상술에 능하다는 주현표의 예언은 전혀 맞지 않았다.

그렇다면 아무리 용한 관상가라고 할지라도 그의 말을 다 믿어야 하겠는가!

간신 아비에게서 충신 아들이 나다

한(漢) 무제(武帝)는 일대의 명군이면서 성군이다. 그는 장탕(張湯)이란 신하를 무척 총애하였다. 장탕은 재판 공문서 작성에 매우 뛰어났다. 그는 무제의 비위를 누구보다 잘 맞추었다. 입건한 사안을 재판할 때면 주로 무제의 눈치를 살펴 판결하였다. 장탕은 이런 수단으로 무제의 총애를 한 몸에 받았다.

장탕은 사건을 매우 잔혹하고도 악랄하게 심사하였는데 그가 무제의 의향에 따라 진황후를 문죄하였다. 그때 진황후 사건에 연루되어 죽은 사람이 무려 300여 명이나 되었다. 다른 입건안도 일단 그의 손에 들어가기만 하면 삼족이 멸족당하는 등 형벌이 너무도 가혹하였다.

장탕은 오랫동안 조정에서 고관대작으로 있다 보니 자기 보신에는 아주 능란하였다. 겉으로는 건실하고 충성한 자태를 보이는 척했지만 내면으로는 간사하기 짝이 없었다. 남의 눈을 피해 가면서 자신의 세력을 키워 붕당을 꿈꾸었던 것이다. 그는 무제의 총애를 등에 업고 이처럼 권력을 남용하였다.

박사(博士) 적산(狄山)이 무제에게 장탕의 간사함을 간언하였다. 그러자 무제는 적산을 버르장머리가 없다고 여겨 수천 리 밖인 서북 지역의 지방 장관으로 좌천시켜 버렸다. 흉노의 침범이 끊이지 않는 그곳에서 흉노의 공격을 이겨 내지 못한 적산은 전장에서 전사하였다. 그런 후에 장탕이 반역죄를 지었다. 그래도 무제는 그를 형벌로 처단하지 않고 편안하게 죽도록 사약을 내렸다.

장탕이 죽은 뒤 무제는 장탕의 '충성'을 못 잊어 장탕의 아들 장안세(張安世)를 무척 아꼈다. 무제는 적당한 기회를 만들어 장안세를 상서령(尙書令)으로 기용하였다. 그 뒤 장안세는 광록대부(光祿大夫)가 되어 조정의 고관대작이 되었다.

장안세의 처세술은 부친 장탕과는 전혀 상반되었다. 역사책에서는 장안세를 '황제를 잘 보필하여 종묘를 지켰고 매사에 엄숙하고 정직하며 태만하지 않았다'고 평가하였다. 그 뒤 그는 한(漢) 소제(昭帝), 선제(宣帝) 때에도 황제를 보필하는 중임을 맡았다. 장안세가 장기간 일심전력으로 한나라 황실에 충성하였기 때문에 문무백관이 모두 그를 존경하였다.

그는 가히 한 황실의 기둥이었고 대들보였다. 그러나 한무제는 그의 재능이나 충성심을 보고 기용한 것이 아니다. 다만 그가 장탕의 아들이란 이유에서 그를 어여삐 여겨 기용했던 것이다.

당(唐) 덕종(德宗) 때의 노기(盧杞) 부자(父子)의 상황도 이와 비슷하였다.

노기의 부친 노혁(盧奕)은 의협심이 강하고 조정에 충성을 다했다. 그는 안사의 난(安史之亂) 때 반란군에 의하여 피살되었다. 노기는 어릴 때부터 말재주는 좋았으나 생김새는 볼품이 없었다. 그런데 그의 마음씨는 그의 얼굴보다도 더 나빴다.

남의 눈치나 슬슬 보며 비위에 맞는 말만 하는 노기는 곧 덕종의 신임을 얻게 되었다. 그는 덕종이 자기를 두텁게 신임하는 것을 기반으로 세상의 못된 일이란 못된 일은 가리지 않고 저질렀다. 수뢰와 횡령은 물론이거니와 충신들을 모함하는 일에도 앞장섰다. 천하 사람들은 그를 나라를 좀먹는 간신이라고 손가락질했다.

안사의 난을 평정한 뒤 그 공로에 따라 상을 주게 되었다. 일등 공신은 곽자의(郭子儀)였다. 곽자의는 당나라의 정통사직을 지킨 대신으로 평가받았고 황제는 그를 상부(尚父)로 모셨다. 그가 연로하여 병석에 눕게 되자 그를 찾아 문병하는 신료들이 줄을 지었다. 곽자의는 신료들이 문병을 오면 옆에서 시중드는 첩을 다른 곳으로 보내지 않았다. 그러나 노기가 문병을 갔을 때만은 첩을 다른 곳으로 가게 하고 간신히 병약한 몸을 일으켜 그를 맞이하였다. 그러자 집사가 곽자의에게 물었다.

"대감께서는 어찌하여 첩을 물리셨사옵니까?"

곽자의가 대답했다.

"노기는 외모가 추한 것만큼 내심도 엉큼하기 이를 데 없다네. 그녀가 그를 보게 되면 그만 웃어 버릴 것이네. 노기는 이를 가장 꺼리거든. 그러면 반드시 앙심을 품을 걸세. 그리고 기회를 보아 꼭 복수할 걸세. 그때 가면 우리 가문은 모두 연좌되어 멸족하고 말 걸세."

노기가 얼마나 간교하고 음험하며 포학한지를 곽자의의 이 말을 통해서도 여실히 알 수 있다.

그 뒤 노기는 뭇 대신들의 분노를 불러일으켰다. 뭇 대신들이 황제에게 그를 탄핵해야 한다는 진정서를 올렸다. 덕종은 신료들의 분노를 진정시키기 위하여 노기에게 사약을 내려야만 했다.

그러나 덕종은 노기의 죽음을 못내 아쉬워하였다. 그래서 덕종은 노기의 아들 노원보(盧元輔)를 발탁하였다. 노원보는 병부시랑(兵部侍郎)이라는 높은 관직까지 올랐다. 노원보의 성품은 간교한 아버지를 닮은 것이 아니라 충정과 신의를 지켰던 조부를 닮았다.

노원보의 사람됨과 조정에 바친 충심에 탄복한 대소 신료들은 그가 비록 노기의 아들이지만 그를 매우 존경하였다.

장안세와 노원보의 아버지는 모두 황제가 총애하던 신하여서 고관대작을 지낸 사람들이다. 그러나 그들은 또 둘 다 자기 아버지와는 달리 품행이 단정하였고 매사에 충성심을 앞세운 좋은 대신이었다.

그러나 한무제 때 불행하게 피살된 대신들인 장조(莊助), 주매신(朱買臣), 오구수(吾丘壽)와 병사한 명의(名醫) 급암(汲黯), 정장(鄭莊), 동중(董仲) 등의 후세들은 장안세와 같은 대우를 받지 못했다. 당덕종 때의 명재상 최우보(崔佑甫)·이필(李泌)·육지(陸贄) 등의 후손들도 노원보와 같은 대우를 받지 못했다. 다만 장탕과 노기는 황제의 비위를 잘 맞추었기에 황제의 총애를 받아 그의 아들들에게 기회를 줄 수 있었던 것이다. 실로 많은 생각을 불러일으키게 한다.

틀에 박힌 공문서라도 검토가 필요하다

관청에서 발송하는 공문서는 낡은 격식에 맞춰 쓰는 것이 관례이다. 구체적인 사실과 상황은 뒷전으로 미루고 정해진 틀에만 맞추다 보니 차마 웃지 못할 일들도 많이 생긴다.

임명서 등 공문서는 그렇다고 하더라도 오악(五岳) 신사(神祠) 등 크고 작은 사묘(祠廟)의 신상(神像)에 관한 공문서에도 '임기 내에 휴가를 낸 적이 없으며'라는 틀에 박힌 문구를 그대로 쓴다.

내가 조정의 중서성(中書省)에서 일을 보고 있을 때 한번은 이런 우스꽝스러운 일을 보았다. 하루는 한주(漢州, 지금의 사천성 광한현)에서 공문서 하나가 올라왔다.

내용인즉 그곳에서 신봉하는 사신(祠神) 현혜후(顯惠侯)가 얼마 전에 영험함을 보여 주었으므로 선무사(宣撫司)가 임시로 현혜후를 소응공(昭應公)으로 봉하였으니 조정에서 성지 추인서를 내려 달라는 것이었다. 그 공문서를 예부와 태상사(太常寺)에서 심의하였다.

검토 결과 '봉호를 바꾸려면 봉호(封號)를 바꾼 지 1년 안에 본인이 신청서를 제출하여야 한다'는 통지를 한주에 공문서로 내려 보내기로 합의했다. 내가 이 일을 알고 재상에게 알리고 나서야 봉호를 바꾸라는 성지를 직접 내려보냈다. 사람도 아니고 귀신에게 어떻게 본인의 신청서를 제출하라고 하는 것인지 참 알 수 없는 노릇이다!

또 한 가지 우스운 일이 있다. 순희 6년(1179년), 조정에서 제천대례(祭天大禮)를 행하게 되었다. 제천 규정에 따라 한 살도 안 되는 나의 아들이 조상의 은택을 받아 관리로 발탁될 수 있었다. 그러자 이부(吏部)에서는 규정에 따라 조사 공문서를 작성하여 나의 고향인 요주에 내려보냈다.

조사할 내용인즉 새로 임명될 사람이 곤장을 맞았는지, 형틀형의 처벌을 받았는지, 강탈이나 도적질을 하지 않았는지 하는 것 등이었다. 또 죄를 지어 경질·파면당한 일은 없었는지 하는 내용도 있었다. 이 얼마나 가소로운 일인가. 아직 한 살도 안 된 애에게 상기와 같은 조사 공문서를 내렸으니 말이다.

조사 내용에는 또 신임관과 홍매는 무슨 관계인지 밝히라는 조항도 있었다. 그가 부친인 나의 은택으로 관리가 되는 것이고, 따라서 그 관계는 부자 관계가 뻔한데도 이런 조항이 있으니 소가 웃다가 배가 터질 노릇이다.

견문이 좁으면 모든 것이 신기해 보인다

얼마 전 나는 예장(豫章, 지금의 강서성 남창시)의 한 커다란 절에서 요주(遼州, 지금의 산서성 좌권현)에서 온 승려를 만났다. 그가 나에게 아래의 말을 들려주었다.

"남방 사람들은 북방에 1천 명이 들어설 수 있는 천막이 있다는 것을 믿지 않습니다. 마찬가지로 북방 사람들은 남방에 1만 섬이나 되는 물건을 실을 수 있는 커다란 배가 있다는 것을 믿지 않습니다. 이것은 아마도 직접 눈으로 보지 못했기 때문에 믿지 않는 모양입니다."

《법원주림(法苑珠林)》에도 이와 비슷한 이야기를 실었다.

"깊은 산속의 사람들은 굵은 통나무만큼 큰 물고기가 있다는 것을 믿지 않는다. 같은 이치로 해변가의 사람들은 또 이 세상에 큰 고기만큼 커다란 나무가 있다는 것을 믿지 않는다. 북방 소수민족은 능라 비단이 누에가 뽕잎을 먹고 토한 실로 짠 것이라는 것을 믿지 않는다."

　이처럼 자기가 직접 보지 못했으면 다 신기해 보여 아예 그것을 믿지 않는다. 그래서 견문(見聞)을 넓히는 것이 중요하다.

명주 천에 전공을 기재하여 황제에게 올리다

가령 누가 군사를 지휘하여 전쟁에서 전승하였다 하자. 그러면 이
때 곧 그의 전공을 작성하여 조정에 올린다. 조정에 올리는 이 공
문서를 '노포(露布)'라고 한다. 과거시험시 박학홍사과(博學鴻詞科)
에는 이 '노포'를 쓰는 고시 종류가 있었다.

'노포'란 말은 위진(魏晉) 시대 때부터 전해 내려온 말이다. 그러
나 이 말의 출처는 잘 알지 못한다. 그런데 유협(劉勰)의《문심조룡
(文心雕龍)》에 이에 대하여 간단한 해설이 있다. 유협은《문심조룡》
에서 '노포란 다시 말해 밀봉하지 않은 노판(露板)이다. 사람들이
직접 보고 전하도록 되어 있다'라고 했다.

후당 장종(莊宗)이 진왕(晉王)으로 있었을 때 유수광(劉守光)을
생포하였다. 그는 비서 왕함(王緘)을 시켜 노포를 작성하게 하였
다. 왕함은 전후시말을 모두 목면포에 썼다. 너무 길어서 두 사람
이 한쪽 끝을 쥐고 당겨야 노포가 다 펴졌다. 그러자 사람들은 일

처리를 잘못했다고 왕함을 조롱하였다.

그러나 왕함이 노포를 그렇게 작성한 것은 그의 발상은 아니었다. 왕함 전에 노포를 그렇게 작성한 사람이 있었다.

북위(北魏) 고조(高祖) 때 남제(南齊)를 토벌한 적이 있다. 장사(長史) 한현종(韓顯宗)과 남제의 장군이 격전을 벌였다. 한현종이 남제의 장군 두 사람의 목을 베었다.

북위 고조가 한현종에게 물었다.

"경은 어찌 노포를 작성해 올리지 않았소?"

한현종이 답했다.

"과거 광숙 장군이 적군 몇 명을 생포하거나 적 군마 몇 십을 노획하고도 노포를 써 올렸을 때 소신은 속으로 그를 비웃었사옵니다. 지금 비록 소신이 적군을 패배시키고 적장 두 명의 목을 베었지만 생포한 적군은 별로 많지 않사옵니다.

이런데도 커다란 명주 폭에 소신의 하찮은 전공을 써 올린다면 그건 너무도 유치하옵니다. 남의 본을 받아 그대로 처신하는 것도 유치하거니와 공을 하사하여 달라고 청하는 것도 과분하옵니다. 그래서 소신은 아무런 노포도 작성하지 않았사옵니다. 부디 양지해 주시기 바랍니다."

명주 천에 전공을 기재하여 황제에게 올린 관습은 이미 일찍이 북위 때부터 있었던 것이다.

궁전의 가름대를 갈지 않아 충정을 표창하다

괴리령(槐里令) 주운(朱雲)이 한(漢) 성제(成帝) 유오(劉驁)에게 청원서를 올렸다. 자기에게 간신인 장우(張禹)를 처단하라는 칙서를 내려 달라는 내용이었다. 그런데 장우는 성제의 총애를 받는 총신이었다. 성제가 주운의 청원서를 허락할 리가 만무했다. 성제는 대노하여 주운을 참수하도록 명을 내렸다.

그러자 주운은 성제의 궁전 정면에 있는 가름대에 머리를 박았다. 가름대는 와지끈 소리를 내며 부러졌다. 주운의 앞이마에는 선혈이 흥건하였다.

"소신은 죽어서도 구천에서 용봉(龍逢)과 비간(比干)을 만날 것이옵니다. 소신은 아무런 여한도 없사옵니다."

이때 신경기(辛慶忌)가 황제 앞에 무릎을 꿇고 간청하였다. 자기를 죽이더라도 충신인 주운만은 죽일 수 없다고 죽음을 자청하였다. 그리하여 성제의 노여움이 풀리게 되었다. 성제는 주운이 사직에 충성하려는 마음에서 간신을 처단하려는 결단을 내린 것임을 알게 되었다. 결국 성제는 주운을 참수하지 않았다.

그 뒤 궁전 정면의 가름대를 갈려고 하자 한(漢) 성제(成帝)가 말렸다.

"그만두도록 하라. 끊어진 쪽을 그냥 빼 놓도록만 하라. 가름대가 없는 궁전 정면을 볼 때마다 과인은 주운의 충심을 헤아려 사직을 더 잘 운영할 것이다."

전조(前趙) 열종(烈宗) 유총(劉聰)이 황후를 위해 건황전(建凰殿)을 신축하려 하였다. 이때 신하 진원달(陳元達)이 앞으로 나서서 신전 건축을 극구 반대하였다. 열종이 대노하여 즉시 금위병에 명하여 대궐 밖으로 끌어내 목을 베도록 하였다. 그러자 진원달은 스스로 금위병이 오기 전에 자기에게 수갑과 족쇄를 채운 뒤 궁전 아래로 내려가 커다란 나무에 매달도록 하였다.

유황후가 이 소식을 듣고 급히 달려와 진원달을 풀어 주었다. 그리고 열종에게 청원서를 올려 진원달을 살려 달라고 간청하였다. 열종은 황후의 청원을 받아들여 진원달을 죽이지 않았다. 뿐만 아니라 몸소 진원달에게 내려가 과인이 과분하게 처분한 것이니 이제 마음을 누그러뜨리라고 사과하였다.

열종은 당시 이 일이 발생했던 소요원(逍遙園)을 납현원(納賢園)
이라 개명하였다.

주운과 진원달의 일은 서로 비슷하다. 주운은 신경기가 죽음을
무릅쓰고 대신 청원을 올려 죽음을 면했고, 진원달의 목숨은 경각
에 달려 있었다. 열종은 성격이 불같아 신하들을 곧잘 죽였다. 그
런데 어떻게 해서 유황후가 그의 소식을 듣고 달려와서 진원달을
풀어 줄 수 있었겠는가? 아니면 그는 왜 스스로 손수 수갑을 차고
족쇄를 찼는가? 이 일의 내막은 아직도 수수께끼이다.

성제는 궁전 정면의 가름대를 새로 갈지 않은 것으로 주운의 충
정을 표창했다. 그러나 그의 관직을 승격시키지는 않았다. 이는 진
원달의 관직을 승격시켜 준 열종보다는 대우가 미약한 것이었다.

그때부터 궁전의 정면에는 가름대가 없게 되었다. 이를 '참감(斬
檻)'이라 하는데, 말하자면 참감은 한나라 때부터 유래된 것이다.

글 읽는 선비들이 가장 부러워하는 광경

5대(五代) 시기의 후당(後唐) 배상서(裴尚書)가 고령이 되어 퇴임하였다. 청태(淸泰) 연간에 배상서의 문하생인 마예손(馬裔孫)이 과거 시험을 총괄하는 좌주(座主)가 되었다. 마예손은 과거에 급제한 진사들을 이끌고 배상서에게 문안을 드리러 갔다. 문하생이 문하생을 이끌고 문안을 드리자 배상서는 그 누가 찾아온 것보다 더 기뻐했다. 그는 푸짐하게 주안상을 차려 놓고 문하생들의 급제를 축하해 주었다. 술이 몇 순배 돌자 주흥이 도도한 배상서가 즉흥시 한 수를 지어 읊었다.

> 벼슬길에서 가장 요긴한 것은 글을 잘 지어야 하느니
> 하늘이 선심을 써서 이 사람에게 행운을 주었네
> 세 번이나 좌주를 하고 나니 어느새 여든 살이 되었거니와
> 문하생의 문하생을 만나니 그 무엇보다 기쁘도다

이러한 광경은 독서하는 선비들이 가장 부러워하는 광경이다. 그래서 소기(蘇耆)가 이 일을 《개담록(開譚錄)》에 기록하였다.

《5대등과(五代登科)》를 통독하면서 배상서에 대하여 고증을 해 보았다. 배상서는 후당(後唐) 장종(莊宗) 동광(同光) 연간(923~926 년)에 세 번이나 전시(殿試)를 주관하였다. 배상서는 그 4년 사이에 모두 8명의 진사를 뽑았다. 마예손은 배상서가 뽑은 8명의 진사 중한 사람이었다. 10년이 지나 마예손이 한림학사(翰林學士)가 되었다. 청태 3년(936년)에 마예손이 13명의 진사를 뽑았다. 이로 보아 소기가 《개담록》에 기록한 사실은 정확하다고 하겠다. 마예손은 그 뒤 재상으로 발탁되었다.

당나라 시인 백거이(白居易)의 시에도 〈좌주〉라는 제목의 시가 한 수 있는데, "좌주는 동료 모두의 축하를 받았으며 소상서(蕭尙書)에서 연회를 베풀어 주었다"고 읊고 있다. 그 아래 주석을 달기를 "좌주는 소상서(蕭尙書)에서 급제시켰다"고 했다.

《등과기(登科記)》의 기록에 따르면 백거이는 당(唐) 덕종(德宗) 정원(貞元) 16년(800년)에 중서사인(中書舍人) 고영(高郢)이 좌주로 있을 때 4등으로 진사에 급제하였다. 고영은 또 당(唐) 대종(代宗) 보응(寶應) 2년(764년)에 예부시랑(禮部侍郎) 소흔(蕭昕)이 좌주로 있을 때 9등으로 진사에 급제하였다. 고영이 태상(太尙)으로 발탁될 때까지 40년이 지났다. 소혼이 당대종 보응 2년에 좌주로 있었다니 어딘가 좀 특별하다. 백거이의 시를 통해 당나라 때에는 좌주를 아주 존경하였음을 알 수 있다.

나이를 늘리고 줄이는 이유

사대부들이 자신의 경력을 서술할 때 실제 나이인 실령(實齡)이 있고, 관직에 등기한 나이인 관령(官齡)이 있다. 송나라 이전의 관방 기록에는 이런 기록이 보이지 않는다.

　일반 백성들이 과거에 응시할 때는 대체로 실제 나이를 몇 살 줄였다. 이것은 첫째 자신의 나이를 줄여서 과거에 급제하게 된다면 좋은 명문가와 혼인을 기대할 수 있음이요, 다른 하나는 여러 번 과거를 보았지만 그래도 급제하지 못할 때 60세가 되면 특혜 임명이 있게 되는데, 나이를 줄이면 과거시험에 여러 번 참가할 수 있기 때문이었다.

　고관대작들의 아들은 조상의 후광을 입어 벼슬자리에 나갈 수 있었다. 그러나 나이 제한이 있었다. 그들은 자신의 자식이 좀 더 빨리 벼슬길에 오르도록 자식의 출생일을 고쳐 몇 살 위로 올렸다. 그러나 정직하고 청렴한 신하들은 자식이 아직 어려서 세상사를 잘 알지도 못 할 때 그들의 부친이나 조부가 나서서 나이를 속이는 등 황제를 속이는 일을 매우 못마땅하게 여겼다.

한때 대신들은 70이 넘은 고령자가 감사(監司)나 군수(郡守) 등 관직에 남아 있는 것은 바람직하지 않은 일이라며 여러 차례 황제에게 간언하였다. 이렇게 되자 적잖은 관리들은 마음이 불안하여 서로 다투어 나이를 늘리든가 줄였다. 일찍 정년퇴직하려는 사람은 나이를 늘리고 늦게 퇴직하려는 사람들은 나이를 줄였다.

강동 제형(提刑) 이신보(李信甫)의 실제 나이는 이미 70이 넘었다. 그런데 그가 관직에 등록한 관령은 실령보다 다섯 살이나 적었다. 그래서 그가 정년퇴직을 신청했을 때 상급에서는 아직 퇴직 연령이 되지 않았다며 그의 퇴직 신청을 허락하지 않았다. 결국 관련 부서에서는 나이가 많으니 실권이 없는 한직에서 조용히 만년을 보내라며 그를 사당을 관리하는 사록관(祠祿官)으로 임명하였다.

이와 반대로 방주(房州, 지금의 호북성 방현) 지주(知州) 장주(章騆)의 실제 나이는 68살이었다. 그런데 관청에 등기한 관령은 71살이었다. 실령보다 세 살이나 많았던 것이다. 그래서 그는 정년퇴직서를 써 올렸다. 상급 부서에서는 그의 신체가 아직 건강하고 정력이 충분한 이상 임기를 채운 뒤 퇴직하게 하였다.

황제의 칙서 등 공문서에 '실령,' '관령'이란 말이 자주 나오는 것은 널리 알려진 사실인즉 나이를 늘리고 줄이는 것이 관습적으로 행해졌다는 말이다.

청렴결백하게 관청을 개수하다

송(宋) 신종(神宗) 원풍(元豊) 원년(1078년), 서주(徐州) 등현(滕縣)에 새로운 지현(知縣) 범순수(范純粹)가 부임하였다. 범순수는 범중암 (范仲淹)의 아들로, 당시 제법 높은 명성을 얻고 있었다.

범순수가 등현 지현으로 부임한 것은 진급이나 전근도 아니었다. 그는 조정에서 중서검정관(中書檢正官)으로 있다가 좌천되어 등현 지현으로 내려간 것이다. 그러나 범순수는 좌천이라 하여 의기소침하지 않고 편안한 마음으로 그곳에 안착하였다.

지방 장관으로 내려간 사람들은 보통 관청을 개수하지 않는다. 조만간 또 자리를 뜨게 마련이기 때문이다. 그러나 범순수는 이런 관습을 깨고 낡디낡은 현청(縣廳)과 주변 사무실을 새롭게 수리하였다. 이렇게 그가 수리한 방은 116칸이나 된다. 그러나 유독 자신이 기거하는 방만은 수리하지 않았다.

"이 사람이 기거할 방을 수리하지 않은 것은 남들의 뒷공론이 무서워서가 아닐세. 단지 수리할 틈이 없었을 뿐이네."

당시 송나라에서는 전국 상하에서 관리를 엄격히 다스리는 신법(新法)을 시행하였다. 이 법에 따르면 지방 관리들이라 해도 쌀한 줌, 돈 한 푼 맘대로 쓸 수 없었다. 이때 서주의 지주(知州)가 바로 소동파였다. 그는 범순수의 청렴결백한 처사를 전해 듣고 그를 사뭇 칭찬하였다. 소동파는 범순수를 찬양하는 글 한 편을 지었다.

관청은 관리들이 서로 계승하여 이어 받아 쓰는 곳이다. 관청은 그대로이지만 그 관청을 쓰는 사람은 한 사람씩 바뀐다. 그렇기에 그 어느 한 사람의 사유 재산이 아니다. 오늘 관청을 수리하지 않으면 내일 수리할 때는 그 경비가 배로 늘어난다. 하지만 최근 각지 관청에서는 관청을 낡은 그대로 두고 수리하려 하지 않는다. 이렇게 허물어지고 낡은 관청을 그대로 둔다면 앞으로 더 큰 경비를 쓰게 된다. 임기 내에 서까래 하나도 바꾸지 않는 데도 있다니 참으로 한심하다.

소동파의 이 글이 널리 전해지자 시류를 좇는 데만 급급하던 철새 관리들은 이를 못마땅하게 여겼다.

지방 장관이 관청을 수리해야 하는가, 아니면 수리하지 말아야 하는가? 이에 관해 송태조 개보(開寶) 2년(969년)에 어명을 내린 적이 있다. 그 내용은 아래와 같다.

과거 현명한 관리들은 단 하루를 지방 장관으로 있더라도 낡은 관청을 수리하였다. 지금 각지 지방 관청이나 창고는 많이 낡고 파괴되었다. 그런데도 제때에 수리하지 않아 아예 무너지는 곳도 있다. 관청이 허물어진 다음에 다시 재건하려면 그에 투입되는 인력과 재력이 엄청나게 늘어난다. 앞으로 각지의 절도사·관찰사·방어사·단련사·자사·지주·통주 등이 임기가 차서 그 곳을 떠나게 될 때면 관청 및 관영 건물의 훼손 상황 및 상황을 상세히 등록하여 후임자에게 넘겨 주어야 한다.
주·현급 이상의 관원들에 한해서는 이를 진급 고과에 넣도록 한다. 이임할 때 관청이 훼손된 곳이 있으면 진급을 한 번 정지시킨다. 대신 이임할 때 백성들에게 부담을 주지 않으면서도 관청을 잘 수리한 관원은 특별 진급의 혜택을 받을 수 있다.

이 칙령은 건국한 지 불과 10년도 되지 않았던 태조 때 반포되었다. 그러나 훗날 관료들은 이런 일에는 별로 신경을 쓰지 않았다. 가령 그 누가 관청을 잘 수리해 놓으면 오히려 사람들에게 트집 잡힐 꼬투리가 되어 소란을 자초할 경우도 있었다. 공연히 경비를 물 쓰듯 하면서 토목공사를 벌인다는 질책을 받을 위험이 있었다는 말이다. 그래서 많은 사람들은 관청이야 무너지든 말든 임기만 채우면 먼지를 훌훌 털고 그곳을 떠났다. 탐욕스러운 관리들이 횡령을 하려고 마음을 먹으면 그 어떤 방법도 다 있을 것인데, 하필 관청 수리의 기회를 이용하려 한다니 참 어처구니없는 일이다!

나를 생각하는 여인이 있어 그만 재채기가 나오네

　요즈음 사람들은 재채기를 하면 '음, 누가 또 나를 욕하는 모양이군' 하며 언짢아한다. 여성들은 이에 더 민감하다.
　《시경(詩經)》〈종풍(終豐)〉에 이런 구절이 있다.

　　근심어려 누웠건만 잠은 오지 않으니
　　나를 생각하는 여인이 있어 그만 재채기만 나네

이 구절에 대하여 정현(鄭玄)은 아래의 주석을 달았다.

　　나는 무거운 근심에 잠겨 엎치락뒤치락 잠을 이루지 못하는데
　　아마도 지금 나를 그리워하는 여인이라도 있는가 보다. 그래서
　　재채기를 하는 것이 아닐까! 요즘 사람도 재채기를 하면 '또 누가
　　나를 흉보는 모양이군'이라고 한다. 이는 고대에서부터 유전되

어 내려온 속어이다."

즉 재채기를 하면 누가 뒷공론하는 거라고 생각하는 기풍은 고
대에서부터 전해 내려온 것이다.

하백이 아내를 맞이하다

사마천은《사기》에 이런 기괴한 이야기 하나를 기록하였다.

전국(戰國)시대였다. 위(魏)나라 사람들은 장마철이면 논밭이 물에 잠길까 걱정했다. 그래서 '물을 관리하는 하백은 어여쁜 아가씨를 좋아하니 해마다 하백이 어여쁜 아가씨 한 명을 아내로 삼도록 잔치를 베풀어 주면 홍수를 물리칠 수 있다'는 무당의 말을 믿었다. 사람들은 무당의 말대로 실제로 해마다 하백을 위한 대잔치를 벌였다. 이것이 하백이 아내를 맞이한다는 풍속으로 오랫동안 전래되었다. 그러나 사실 백성들은 해마다 열리는 이러한 잔치 때문에 발을 뻗고 잠을 잘 수가 없었다. 이 잔치에 많은 재물이 들었기 때문이다.

위(魏) 문후(文侯) 때 서문표(西門豹)가 업현(鄴縣) 현령으로 임명되었다. 업현으로 부임해 내려간 서문표는 그곳의 살벌한 광경을 보고 깜짝 놀랐다. 헐벗고 굶주린 그곳의 백성들이 야윌 대로 야윈 자식들을 업고, 안고, 끌고 걸식을 위해 외지로 떠나고 있었던 것이다.

서문표가 외지로 유랑 가는 한 사람을 붙잡고 물었다.

"여보시오. 한마디 물어봅시다. 당신들은 왜들 다 이렇게 가난하게 되었습니까?"

그 사람이 대답했다.

"나리, 하백이 아내를 맞이한다는 풍속 때문에 이 지경이 된 것입니다."

"아니, 하백이 아내를 맞이하다니요?"

서문표가 금시초문이라 의아해하며 반문하였다.

"도대체 이 일이 어찌 된 영문입니까?"

이때 그곳을 지나던 한 장로가 대답했다.

"이곳 부자들과 현관청에서는 서로 짜고 결탁하여 하백이 아내를 맞이하도록 대잔치를 벌입니다. 관청에서는 이 명분으로 백성들의 재산이란 재산은 다 긁어 갔습니다. 아마 그 숫자가 수백만 냥이나 될 것입니다. 그 많은 돈에서 정말 하백 잔치에 쓰는 것은 아마 230만 냥도 안 될 겁니다. 나머지는 모두 관청 나부랭이와 무당들 손에 들어갑니다. 어디 그뿐입니까. 어느 집에 예쁜 딸이 있으면 무당은 강제로 그 딸을 지명하여 하백에게 시집을 보냅니다.

강가에 임시로 재궁(齋宮)을 짓고 예쁜 아가씨들을 농염하게 치장시킨 뒤 휘장에 둘러싼 침상에 눕힙니다. 그다음 그 침상을 강 위에 띄웁니다. 강에 떠내려가던 침상은 곧 물에 잠기게 되고 그 아가씨는 물귀신이 됩니다. 이것이 소위 하백이 아내를 맞아들인다는 이야기입니다. 그래서 어느 집에나 용모가 아리따운 딸애가 있으면 일찌감치 외지로 도망갑니다. 이 때문에 사람들은 뿔뿔이 사방으로 도망가고 밭은 다 황폐하게 되었습니다. 그러니 가난할 수밖에 없지 않습니까."

이 말을 들은 서문표는 근심이 태산 같았다. 그러나 그는 아무런 내색도 하지 않았다.

"잘 알았습니다. 다음에 하백이 아내를 맞이할 때 꼭 나에게 알려 주시오. 나도 한번 가서 구경이나 해 볼까 하니까요."

하백이 아내를 맞이하는 날이 다가왔다. 그날 서문표는 남보다 일찍 현지로 나갔다. 잔치가 무르익고 한 여인이 제물로 바쳐지자 서문표가 명령했다.

"새 각시가 예쁘지 않으니 하백에게 바칠 수 없다. 무당과 그의 문하 제자들이 강물에 뛰어들어 하백에게 급히 사죄하라. 장로들도 함께 뛰어들어 거들도록 하라."

결국 이 잔치와 관련된 모든 사람들은 이날 물귀신이 되고 말았다.

서문표가 사악한 무당과 그 무리를 처치한 뒤로부터 하백이 아내를 맞이한다는 풍속은 사라졌다. 백성들은 너무도 잘된 일이라며 손뼉을 치지 않은 사람이 없었다.

그런데 내가 보건대 이 일은 참으로 희한하다고 하겠다. 야사나 잡기에 기록된 것이어서 믿을 바가 못 되기 때문이다. 그런데도 사마천은《망국년기(亡國年紀)》에 분명히 '진(秦) 헌공(獻公) 8년부터 하백에게 아내를 바쳤다'고 밝혔다. 그런데 이 풍속이 언제부터 사라졌는지는 밝히지 않았다.《사기》에 주석을 단 다른 사람들도 이를 밝히지 않았다.

사마정(司馬貞)이 쓴《사기색은(史記索隱)》에는 간단한 주석이 있다.

최초로 진 헌공 8년 때부터 백성의 딸을 군주(君主)로 뽑았다. 여기에 나오는 군주란 하백에게 바치는 아내이다. 전국시대의 위(魏)나라에도 하백에게 아내를 바치는 풍속이 있었다. 이는 아마도 진 헌공 8년부터 전래되어 내려온 것 같다.

이로 볼 때 진나라나 위나라 때에는 하백에게 아내를 바치는 풍속이 있었다고 볼 수 있다.

쓸데없는 금기로 스스로를 얽매다

당나라 사람들은 가정의 금기 사항을 엄격히 지켰다. 예를 들면 다른 사람이 자기들의 부친이나 조부의 이름과 발음이 같거나 글꼴이 같으면 그를 회피하였다. 이런 금기 사항에는 예법의 범위를 벗어난 것도 있다.

이하(李賀)가 진사 과거를 보러 갈 때다. 그의 재능을 질투한 사람들이 소문을 냈다.

"이하의 부친은 이름이 이진숙(李晉肅)이다. 그의 진과 진사의 진(進) 자는 동음이다. 이는 불길한 조짐이다."

이하는 이런 소문 때문에 진사 과거시험을 포기하지 않으면 안 되었다.

한유(韓愈)가 〈휘변(諱辯)〉이란 문장을 지어 금기 사항을 너무 엄하게 정하는 것은 폐단이 많다고 주장하였다. 그러나 그의 주장은 당시에 많은 사람들이 받아들이지 않았다.《구당서》는 심지어 한유의 문장은 착오라고 지적하기도 하였다. 이로 볼 때 당나라 때에는 금기 기풍이 아주 풍미한 것 같다.

배덕융(裴德融)은 고(皐) 자를 피했다. 그가 과거시험에 참가할 때의 책임 고시관이 고착(高鏪)이었다. 고(皐)와 고(高)는 발음이 같았다.

고착이 속으로 생각했다.

"배덕융이 고(皐) 자를 금기로 피한다지. 그러면 이 고착이 주관하는 과거시험에서 그를 급제시키면 아마도 그는 한평생 고생을 면치 못하겠는데……."

훗날 배덕융이 둔전원외랑(屯田員外郎)으로 임명되었다. 한번은 새로 임명된 낭관(郎官)과 함께 직속 상사인 상서우승(尙書右丞) 노간구(盧簡求)에게 문안을 드리러 자택을 찾아갔다. 그런데 노간구는 새로 임명된 낭관만을 들어오게 하고 배덕융은 들어오지 못하게 하였다.

낭관이 노간구에게 아뢰었다.

"신임 둔전원외랑 배덕융이 저와 함께 왔습니다."

노간구는 수하 사람을 시켜 말을 전하게 하였다.

"대감은 누가 책임 고시관으로 있을 때 진사에 급제하였습니까?

상서우승 대감께서는 지금 바쁘시니 만나 보실 수 없다 하옵니다."

배덕융은 달리 할 말이 없어서 그만 돌아서고 말았다.

참으로 황당한 일들이다. 고착과 노간구 같은 당시의 명신들도 금기 사항에 얽매였으니 다른 사람이야 더 말해 무엇하랴.

《당어림(唐語林)》에는 또 다른 기이한 일을 기록하고 있다.

최은몽(崔殷夢)이 책임 고시관으로 있을 때 이부상서(吏部尚書) 귀인회(歸仁晦)가 그에게 한 가지 청탁을 했다. 자기 동생 귀인택(歸仁澤)이 이번 진사 고시에 나가니 잘 보살펴 달라고 한 것이다. 최은몽은 건성으로 그렇게 해 주겠노라고 대답은 했지만 실제 명단에는 귀인택을 넣지 않았다. 귀인회는 애가 달아 서너 번 그를 찾아갔다. 그때야 최은몽은 아주 엄숙하게 말했다.

"제가 대감의 동생을 진사에 급제시키면 저는 관직을 버려야 합니다."

그때야 귀인회는 자기 성이 최은몽 가문의 금기로 된 성임을 알았다. 당나라 〈재상세계표(宰相世系表)〉를 보면 최은몽의 부친 이름이 귀종(龜從)으로 적혀 있다. 그러니 귀(龜)와 귀(歸)가 동음자이기 때문에 최은몽은 귀(歸) 자를 회피해 쓰지 말아야 했다. 이는 고(皐)와 고(高)가 동음이어서 금기로 된 것과 같은 일이다.

이하가 부친의 이름에 진(晉) 자가 있어 진사(進士)시험을 치르지 않은 것이나, 최은몽이 부친의 이름에 귀(龜) 자가 있어 귀(歸)씨 성을 가진 사람을 급제시키지 않은 것은 모두 예법을 벗어난 것이다.

후당(後唐) 천성(天成) 초기, 노문기(盧文紀)가 공부상서(工部尙書)로 임명되었다. 새로 임명된 공부낭중(工部郎中) 우업(于鄴)이 관례대로 상사인 노문기를 찾아 문안을 올려야 했다. 그런데 노문기의 부친 이름이 사업(嗣業)이었다. 업(業)과 업(鄴)은 동음이었다. 때문에 노문기는 우업을 만나 주지 않았다. 그러자 우업은 상사가 자기를 업신여긴다고 오해했다. 이에 상처받은 우업은 어느 날 밤 목매어 자살하고 말았다. 노문기는 또한 이 일에 연루되어 석주(石州, 지금의 산서성 이석현) 사마(司馬)로 좌천되었다.

이 또한 기괴한 일이 아니라 할 수 없다.

'4해'란 사실 '하나의 바다'이다

이른바 동해·북해·남해란 3해는 사실 하나의 정체(整體)이다. 북해란 청주·창주 이북의 해역을 일컫는다. 남해란 교주·광주 이남의 해역을 일컫는다. 동해란 오·월 일대의 해역을 일컫는다. 그러나 이 세상에 서해가 있다는 말은 못 들어 봤다.《시(詩)》,《서(書)》,《예(禮)》에서 이른바 '4해'란 이처럼 추리하여 얻은 명칭일 것이다.

《한(漢)》〈서역전(西域傳)〉에 기재한 '포창해(蒲昌海)'란 아마도 자그마한 늪에 불과할 것이다. 반초(班超)가 파견한 감영(甘英)이 서역으로 가던 중 바다를 만났다고 쓰고 있는데 그곳은 아마도 남해의 서쪽일 것이다.

지명(地名)의 음양

산의 남쪽과 강의 북쪽 기슭을 양(陽)이라 하는데 여기는 햇살이 직접 비쳐지는 곳이다. 이와 반대로 산의 북쪽, 강의 남쪽 기슭을 음(陰)이라 한다. 그 뜻은 바로 햇빛이 직접 비치지 못한다는 의미이다. 이에 따라 산천 근처의 주나 현의 지명은 보통 음양에 맞춰 명명하였다.

이제 음양에 맞춰 지은 지명을 나열해 보기로 하자.

산 남쪽에 자리한 곳의 지명에는 양(陽) 자가 붙는다. 이를테면 형양(衡陽)·악양(岳陽)·수양(首陽)·함양(咸陽)·익양(益陽)·원양(原陽)·당양(當陽)·운양(雲陽) 등이다. 양(陽)자를 달고 있는 지명은 무려 412개나 된다.

물 북쪽에 자리한 곳의 지명에도 양(陽)자를 붙인다. 이를테면 심양(沈陽)·분양(汾陽)·형양(榮陽)·회양(淮陽)·양양(襄陽)·무양(舞陽)·여양(汝陽)·고양(高陽)·범양(范陽)·풍양(豊陽) 등이다. 이렇게 물

북쪽에 자리해 양자를 단 지명이 모두 87개나 된다.

상기 지명은 모두《한서(漢書)》〈지리지(地理志)〉에 정식으로 기재된 것들이다. 대체로 보아 지명에서 양자를 붙인 것이 많고 음자를 붙인 곳은 적다. 이는 산 북쪽이나 강 남쪽은 다 음지로 되어 있어 주·현 등의 읍을 건립하는 데 마땅치 않기 때문이다.

산 북쪽에 자리하여 음(陰)자를 붙인 지명은 화음(華陰)·산음(山陰)·몽음(蒙陰)·양음(襄陰) 등 7곳밖에 없다. 또 강 남쪽에 자리해 음자를 붙인 지명은 분음(汾陰)·탕음(蕩陰)·여음(汝陰)·하음(河陰)·회음(淮陰)·상음(湘陰) 등 모두 16곳이다.

그 밖에 강으로 인하여 지어졌는지 아니면 산으로 인하여 지어졌는지를 가릴 바가 없는 남양(南陽)·악양(樂陽)·합양(合陽)·건양(建陽) 등의 지명도 있다.

황실의 사치와 화려함이 폐단을 낳다

당(唐) 고종(高宗)이 도성을 전당(錢塘, 지금의 절강성 항주시)으로 천도한 뒤 황자(皇子)가 왕부(王府)에서 아들이나 딸을 낳게 되면 각 부처와 각지에서 축하 선물을 보냈다. 황실 내외 친척은 물론이거니와 3대 관아의 대신들, 그리고 절강 각지의 지방 장관들이 공물(貢物)을 올려 축하의 뜻을 표하고, 이에 대해 황자도 답례를 했다.

금은은 물론, 이른바 '세아전과(洗兒錢果)'라 하는 특별히 주문 생산한 패물을 각자 공물 납품자에 보내 준다. 많을 때는 10여 개나 보낸다. '세아전과'란 자식의 축하금을 가공하여 만든 패물이란 뜻이다. 이때 황자가 쓴 돈이 얼마나 많은지 아무도 모른다. 유원보(劉原甫)가 인종(仁宗) 가우(嘉佑) 연간에 〈논무고소결(論無故疏決)〉이란 글을 써 황제에게 상주하였다. 그는 이 글에서 아래와 같은 견해를 피력하였다.

폐하께서는 황녀를 보았을 때 대개 이런 대경사를 치렀사옵니다. 그러나 소신은 이것이 폐하께서 계승해야 할 좋은 풍속이 아니라고 아뢰옵니다. 소신은 이 경사를 치를 때 금은과 상아, 옥석과 호박으로 많은 패물을 주조하여 신하들에게 하사한다는 말을 들었사옵니다. 재상이나 간관들이 모두 하사를 받는다고 알고 있사옵니다. 무익한 비용, 명목도 서지 않는 하사, 이보다 더 큰 낭비는 없다고 생각하옵니다.

만약 이런 겉치레로 계속 황실의 사치함과 화려함을 과시한다면 반드시 적잖은 폐단이 뒤따를 것이옵니다. 재상이나 간관은 도덕과 정의로 황제를 보필하는 사람이옵니다. 그런데 이들이 아무런 치적도 없이 어찌 황제의 하사품을 받을 수 있사옵니까?

또한 재상이나 간관들이 무엇 때문에 아직도 폐하께 한마디 간언도 올리지 않는지 모르겠사옵니다. 소신은 폐하께서 근검절약하는 정책을 책정하여 하늘의 보살핌에 보답하시기를 바랄 뿐이옵니다. 당돌한 진언이옵니다만 다시는 그런 일이 재발하여 국가의 경비를 낭비하는 일이 없으시도록 하교하옵소서.

유원보의 논술은 정말로 문제의 정곡을 찔렀다. 구양수(歐陽修)가 유원보의 묘지명을 쓸 때 이 일을 언급하지 않았다. 내가 국사를 편찬할 때도 이 일을 모르고 있어서 역시 언급하지 못했다. 그래서 여기에 이처럼 보충 기록하는 것이다.

그 밖에 당나라 한옥(韓偓)이 쓴《금란밀기(金鑾密記)》에도 세아전에 관한 기사가 있다.

당(唐) 소종(昭宗) 천복(天復) 2년(902년) 황제가 기산(岐山, 지금의 섬서성 기산현 동북)으로 행차하였다. 그때 후비가 황녀를 낳았다. 사흘 뒤 황제는 신하들에게 세아전과, 금은 화폐와 금은붙이 등을 하사하였다.

당소종이 유랑길에서도 이런 의례를 지켰건만 조정 상하에 그 누구 한 사람도 나서서 간언하는 사람이 없었다. 아마도 이는 궁궐 내의 관습이 되어 누구나 대수롭게 생각하지 않았던 것 같다.

양주(揚州)의 번영과 쇠락

수당(隋唐) 이전부터 양주(揚州)는 제법 이름난 고장이었는데, 수(隋) 양제(煬帝)가 대운하를 개통하면서부터 양주의 지리적 위치는 갈수록 중요하게 되었다. 당나라 건국 후 100여 년간 강회 지역이 당나라의 중심 지역으로 되었다. 양주는 강회(江淮) 지역의 북부 중심지에 위치하고 있어 당나라의 가장 유명한 도시의 하나로 급부상하였다.

양주는 장안(長安)과 다른 지형적 특징이 있었다. 양주는 수륙 교통의 요충지일 뿐만 아니라 강하가 거미줄처럼 얽히고설켜 있어 강남 명승지의 하나로 꼽혔다. 뿐만 아니라 토지가 비옥하고 물산이 풍부하여 사람들도 총명하고 상업이 발달된 곳이었다. 양주는 시장이 아주 발달하여 당나라의 식량·소금·생약·방직품·목재·동제품 등의 집산지이기도 했다. 당나라 때에는 염철전운사(鹽鐵轉運使)를 신설한 뒤 전운사를 양주에 상주시켰다.

대시인 두목(杜牧)은 양주 지방 관리직에 10여 년이나 머물러 있었다. 그는 양주의 산수와 풍물에 대하여 누구보다 더 큰 애착심을 갖고 있었다. 그래서 양주의 산수와 풍물을 노래한 명시들도 많이 창작하였다.

십 리 양주길에 봄바람이 불어 불어
주렴을 감아올리며 춘흥이 도도하네
―〈증별시 2수〉 중의 첫 수

10년이라 양주 꿈이 눈 깜짝할 사이인데
요행히 청루에 이름을 남기었네
―〈견회〉

당나라 때 양주 시단(詩壇)은 두보가 많은 명시를 남겼을 뿐만 아니라 장우(張佑)·왕건(王健)·서응(徐凝) 등의 시도 빛이 났다.
장우의 〈종유회남(縱遊淮南)〉이란 시를 보자.

10리나 되는 기나긴 거리는 골목골목이 이어졌고
달 밝은 밤 다리 위에서 신선놀음을 구경하네

인생에서 바랄 것이 무엇이냐 양주에서 죽으면 족하거늘
선지산 빛발 아래가 좋은 묘지가 아닐소냐

양주의 거리와 골목, 그리고 산수와 다리 등이 생생한 한 폭의 그림처럼 안겨 온다. '양주에서 죽으면 족하거늘'이란 구절은 양주가 인간이 살고 있는 현세의 천당일 뿐만 아니라 풍수묘지로서도 가장 좋을 것이라는 기발한 시어로 가슴을 뭉클하게 울린다.

왕건은 안사의 난이 지난 뒤 양주를 방문하였다. 그때 그도 양주를 노래한 시를 남겼다.

밤거리 천만 등불이 푸른 하늘에 비껴 흐르고
고대광실에 능라 비단이라 발길도 총총하여라
지금은 전란 뒤라 평소와는 다르지만
그윽한 생황의 소리는 한밤을 물리치네

안사의 난의 전화를 입은 상처가 채 가시지 않았지만 양주는 여전히 과거와 마찬가지로 풍요로움을 잃지 않고 있었다.

서응은 〈억양주(憶揚州)〉에서 아래와 같이 묘사하였다.

달 밝은 천하의 밤을 세 등분 한다면

　　그중 두 몫의 아름다움은 양주가 다 차지하였네

　　달빛이 천하를 비춘다면 양주의 아름다움이 더 하다는 시인의 편애, 시인은 누구보다 양주를 사랑하였다. 그의 시에서 따온 '이분명월(二分明月)'이라는 말은 양주의 대명사가 되었다.

　　그 뒤 양주는 당나라 말기와 5대 시기에 심하게 파괴되었다. 특히 당나라 말기 진언(秦彦)·필사탁(畢師鐸)이 양주를 점령하면서 한 번 기울었고, 뒤이어 또 손유(孫儒)와 양행밀(楊行密)이 양주 쟁탈전을 벌여 양주의 건물은 모두 불바다가 되어 버렸다. 인구가 가장 적을 때는 불과 몇 백 세대밖에 되지 않았으니 그 처참한 상황은 가히 연상되고도 남는다. 양행밀이 양주를 점령한 뒤 양주 재건을 추진했지만 곧이어 후주(後周)의 군대가 양주를 침입하였다. 양주는 또 한 차례 불바다에 빠졌다.

　　송나라가 건국된 지 이제 170여 년이 넘는다. 그러나 지금의 양주는 당나라 때의 양주 규모와 비교하면 10분의 1이나 될까 말까 한다. 파괴될 대로 파괴되어 새로 일어서지 못한 지금의 양주시를 볼 때면 눈물이 앞선다.

선경(仙境)을 유람하다

《열자(列子)》에 다음과 같은 기록이 있다. 서주(西周) 목왕(穆王) 때의 일이다. 서쪽 한끝에 있는 나라에서 환각술(幻覺術)에 유능한 한 사람이 주나라를 방문하였다.

목왕은 그를 신명을 이어받은 사람으로 믿고 매우 존대하였다. 사흘마다 작은 연회를 열고, 닷새마다 큰 잔치를 벌여 그를 환대하였다. 목왕은 차차 그와 친숙하게 되었다.

하루는 목왕이 또 잔치를 벌여 환각술에 유능한 서쪽 나라의 그 내방인을 초대하였다. 술이 몇 순배 돌자 그 환각술사가 웃음을 터뜨렸다. 남들은 영문도 모르는데 그만 껄껄 웃어 대더니 목왕의 귀에 대고 가는 목소리로 말했다.

"신이 대왕을 모시고 선경(仙境)을 한번 유람할까요?"

목왕이 고개를 끄덕였다. 환각술사가 그럼 이제 시작하겠다고 말했다.

"좋습니다. 그럼 이제부터 선경 유람을 떠날 것입니다. 대왕께서는 두 눈을 꼭 감으십시오."

목왕이 두 눈을 감고 조용히 마음을 가다듬었다. 얼마 뒤 귀에서 바람 소리가 씽씽 나며 몸이 한결 가벼워지면서 하늘로 날아오르는 기분을 느꼈다. 얼마간 하늘로 날아오르니 멀지 않은 곳에서 환각술사의 말이 들려왔다.

"대왕님, 이젠 눈을 뜨셔도 괜찮습니다."

목왕이 두 눈을 뜨고 두리번두리번 살펴보았다. 자기는 어느새 구름 밖 중천에 떠 있었다. 멀지 않은 곳에 환각술사가 기거하는 화려한 궁전이 보였다. 그곳의 경치는 속세와는 달라 그만 돌아갈 생각을 잊었다. 목왕은 그곳의 비경에 반하여 수십 년을 그곳에 머물러 살았다.

하루는 목왕이 그 환각술사와 함께 또 선경을 유람하였다. 그런데 갑자기 정신이 아찔해지며 만사가 귀찮아졌다. 목왕은 환각술사에게 속세로 돌아가게 해 달라고 했다. 환각술사도 목왕이 속세로 돌아가는 데 동의했다.

"대왕의 소원대로 해 드리겠습니다. 이제 두 눈을 꼭 감으십시오."

목왕이 두 눈을 감고 숨을 들이쉬는데 '퉁' 하는 소리가 들렸다.

이 소리에 목왕이 꿈에서 깨어났다. 시중드는 내시가 한눈을 팔다 접시를 떨어뜨려 깬 것이다. 목왕이 주변을 둘러보니 자기는 여전히 원래 자리에 앉아 있었다. 원래의 내시도 그때 그 사람이었다. 접시의 안주도 그대로였다. 목왕이 의아하여 물었다.

"지금 과인은 어디에서 여기로 온 것인가?"

좌우에서 대답했다.

"대왕께서는 잠시 쪽잠을 주무셨을 뿐입니다."

이 일이 있은 후로부터 목왕은 석 달이나 정신이 흐리멍덩한 황홀경에 처해 있었다.

그 뒤 정신이 완전히 맑게 회복된 목왕이 그 환각술사에게 물었다.

"이게 도대체 어찌 된 영문이오?"

환각술사가 대답했다.

"대왕님과 제가 선경을 유람한 것은 다만 영혼이 유람한 것입니다. 그러니 몸은 그대로 그곳에 있는 것이 아니겠습니까?"

이 말을 듣고야 목왕은 그저 꿈을 한 번 꾸었음을 알았다.

훗날 당나라 사람들이 쓴 전기소설, 예를 들면《남가태수(南柯太守)》,《황량몽(黃粱夢)》,《앵도(櫻桃)》,《청의(靑衣)》등의 기본은 모두 목왕의 이야기에서 따온 것이다.

많은 사람을 굶주림에서 지켜 준 야생초

자고로 재해나 흉년이 들면 백성들은 먹을 식량이 떨어져 기아 상태에서 허덕였다. 그때마다 그곳의 야초, 즉 들풀로 기근을 이겼고 생명을 유지해야 했다.

범려(范蠡)는 동해의 오(吳)나라 사람들은 바다 물녘의 버들로 생명을 유지했다고 썼다. 서한(西漢)의 소무(蘇武)는 땅쥐를 잡아 먹거나 땅쥐가 먹다 남은 풀씨로 연명하도록 하였다. 왕망(王莽)은 기근을 만난 백성들에게 풀뿌리를 삶아서 먹도록 하였다.

남방인들은 흉년이 들면 무리를 지어 습지나 소택지로 가서 갈대 뿌리를 캐어 먹었다. 동한(東漢)시대 등우(鄧禹)의 장병들은 미역으로 연명하였으며, 한(漢) 말 건안(建安) 연간에 함양 사람들은 대추, 찔레 열매를 따먹었다. 진(晉)나라 때 사람들은 들쥐를 잡아 먹었다. 유주(幽州, 지금의 북경시 서남 구역) 사람들은 누에고치를 식량으로 삼았다. 북위(北魏) 도무제(道武帝) 때도 누에고치를 군량으

157

로 썼다. 사천성 일대의 백성들은 연꽃 뿌리로 기근을 넘겼다.

이러한 예는 실로 부지기수이다.

내가 살고 있는 주(州)의 다른 현(縣)에 큰 산 두 개가 있다. 역거산(嶧崌山)은 낙평(樂平, 지금의 강서성 낙평현)과 덕흥(德興, 지금의 강서성 덕흥현) 경내에 있다. 이라만곡산(李羅萬斛山)은 부량(浮梁)·낙평(樂平)·번양(番陽) 경내에 있다. 이 두 산은 줄기줄기 백여 리나 이어져 있다. 이 두 산에는 먹을 수 있는 양치식물이 생장하였다. 송효종 건도(乾道) 7년(1171년)과 송흥종 소희(紹熙) 4년(1193년), 이곳에 큰 가뭄이 들었다. 백성들은 먹을 식량이 다 떨어져 아사 상태에 처해 있었다.

백성들은 떼를 지어 산으로 들어가 그 양치식물을 캐 먹었다. 힘이 센 남정네들은 하루에 60여 근이나 캐었다. 캐 온 양치식물을 방아로 찧어 즙을 짠다. 방아로 빻은 가루를 찌면 마치 설기떡처럼 된다. 큰 양치식물 한 뿌리면 성인 남자 한 사람이 하루를 먹을 수 있다. 겨울에도 날씨가 좀 포근하면 남녀가 산으로 들어가 이 식물을 캐 왔다. 한여름에 산으로 가서 그 식물을 캐는 사람이 많을 때면 수천 명이나 되었다. 9월부터 이듬해 2월까지 그 양치식물은 새순이 돋는다. 이때의 뿌리는 가늘다. 사람들은 그 뿌리가 굵어지기를 기다린다.

158

이 야초는 반년 사이에 얼마나 많은 사람을 아사에서 건졌는지 모른다. 대자연은 인류에게 정말로 많은 혜택을 가져다주었다. 그러나 고대 전기에 그 뿌리로 연명했다는 기록이 없는 것을 보면, 고대 사람들은 그 뿌리가 먹을 수 있다는 것을 몰랐던 것 같다.

'한식절'의 유래

《좌전(左傳)》의 기록에 따르면 진(晉) 문공(文公) 중이(重耳)가 이곳 저곳으로 망명하여 몸을 피하다가 끝내 귀국하였다. 귀국한 문공 은 자기와 함께 국외에서 고락을 같이 한 공신들에게 후한 상을 내 렸다. 모든 추종자들은 공에 따라 크고 작은 상을 받았다. 그런데 유독 개지추(介之推)만은 상을 받지 않았다.

문공도 그의 뜻에 따라 상을 내리지도 않았다. 개지추는 그 뒤 모친과 함께 깊은 산에 은거하였다. 개지추가 은거 생활을 한다는 소식을 접한 문공이 사람을 보내 그를 궁내로 불러오라고 하였다.

개지추를 찾아 떠난 사람들은 그 어디서도 그를 찾아내지 못하 였다. 문공은 개지추를 기념하여 면상(綿上, 지금의 산서성(山西省) 개 휴현(介休縣) 남쪽, 개산(介山) 아래) 일대를 개지추에게 식읍으로 추 증하였다.

"이게 다 과인이 잘못한 탓이지, 이나마 보상이 된다면 다행일

세."

원래 서하군(西河郡) 개휴현에 속한 토지가 문공의 성지(聖旨)에 따라 개지추의 가산(家産)으로 되었다. 이것이 바로 이 일의 전후 시말이다.

그런데 사마천은《사기(史記)》에서 아래와 같이 서술하였다.

> 개지추의 식객들은 진나라 궁문에 유독 뱀 하나만이 원망에 잠 겼다란 글을 써 붙였다. 문공이 이를 보고 개지추를 소환해 불렀 다. 그러나 개지추는 이미 도망가고 없었다. 개지추가 면상(綿上) 으로 도망갔다는 소식을 들은 문공은 면상을 봉했다. 그리고 '개 산(介山)'으로 개명하였다.

이 기록은《좌전(左傳)》에 기록된 것과 일부 차이가 있지만 대체 로 비슷하다.

유향(劉向)은《신서(新序)》의 첫머리에 아래와 같이 기술하였다.

> 개지추는 문공이 자기에게 상을 내리지 않자 개산으로 들어가 은거하였다. 문공이 그를 도성으로 소환하였지만 그는 하산하지 않았다. 문공은 개산을 불바다로 만들면 그가 부득불 하산할 것

이라 생각했다. 문공이 수하에 시켜 개산에 불을 놓았다. 그러나 개지추는 끝내 하산하지 않았다. 그는 개산에서 불에 타 죽었다.

그 뒤에 나온 잡기《여남선현전(汝南先賢傳)》은 이렇게 썼다.

태원군(太原郡, 지금의 산서성 중부 지역)에 이런 풍속이 있다. 즉 개지추가 불에 타 죽은 것을 기념하여 백성들이 한 달간 생식하였다.

또《업중기(鄴中記)》는 이렇게 서술했다.

명주에는 동지 때부터 105일 사이에 개지추를 기념하여 사흘간 생식을 하였다. 태원(太原)·상당(上黨, 지금의 산서성 장자 일대)·서하(西下, 지금의 산서성 분양현)·안문(雁門, 지금의 산서성 대현) 등의 군은 모두 한랭한 지역이다. 조조(曹操) 때에는 이곳에서 찬밥을 먹지 못하게 하였다.

이 역시 동짓날부터 셈해 105일간의 한식에 관한 설명이다.
《후한서(後漢書)》〈주거전(周擧傳)〉에도 한식에 관한 기재가 있다.

태원군(太原郡)에서는 과거 개지추가 불에 타 죽은 것을 기념하여 용(龍)의 금기를 지키는 풍속이 있다. 즉 개지추가 불에 타 죽은 그달은 신령이 불을 지피는 것을 꺼려 했다. 그래서 백성들은 겨울에 한 달간 생식하는 풍습이 있다. 주거(周擧)가 병주(幷州) 자사(刺史)로 부임되어 왔다. 그는 부임한 그 즉시 주련(柱聯, 기둥이나 벽 따위에 장식으로 써서 붙이는 글)을 써서 개지추의 사당에 붙였다. 주거가 쓴 주련의 내용에는 '한겨울에도 불을 지피지 못하여 백성들의 건강과 생활에 매우 불리하다. 이곳 백성들은 이제부터 생식을 하지 말아야 한다'는 글이 들어 있었다. 그때부터 이곳 사람들은 점차 생식의 구습을 고치기 시작했다.

위의 모든 기술을 정리해 보면 한 가지 공통점이 있다. 즉 그때의 이른바 한식절(寒食節)은 겨울에 있었다. 지금처럼 2월이나 3월에 있었던 것이 아니다.

시체 태우는 것을 가장 큰 치욕으로 여기다

불교에서 화장(火葬)을 제창하면서부터 점차 많은 사람들이 화장의 풍습을 따르고 있다. 한여름 무더운 삼복철에 시체를 잘못 건사하면 썩을 수도 있어 하루 만에 화장하는 사람들도 있다.

춘추(春秋)시대 노(魯)나라의 하부불기(夏父弗忌)가 순서를 바꾼 제례식을 건의했다. 이에 반발한 전금(展禽)이 말했다.

"저 사람은 좋게 끝나는 법이 없어. 혹시 제 수명대로 살았다 하더라도 죽은 뒤에 꼭 무슨 재앙이 덮칠 거야!"

과연 하부불기가 죽게 되어 매장했는데 무덤에서 연기가 치솟았다. 무덤 속의 관이 타면서 나는 연기였다.

오(吳)나라가 초(楚)나라를 침공하려고 미(麋)란 곳에 군대를 주둔시켰다. 초나라 사마(司馬) 자기(子期)는 이곳을 불사르려고 했다. 이때 재상 자서(子西)가 말했다.

"작년에 여기서 아군이 많이 죽었습니다. 이제 이곳을 불바다로 만든다면 아군의 시체가 두 번째 죽임을 당합니다. 그러니 방화해서는 안 됩니다."

위(衛)나라 사람들이 저사정자(褚師定子)의 무덤을 파헤치고 시체를 평정(平定)이란 곳으로 옮겨 불태워 버렸다.

연(燕)나라 장군 기겁(騎劫)이 제(齊)나라를 침공하였다. 제나라 군사들은 즉묵(卽墨)에서 포위당했다. 기겁은 즉묵 주변에 있는 제나라 사람들의 무덤을 파헤치고 시체를 꺼내 몽땅 불살라 버렸다. 이 광경을 본 제나라 군사들은 자기네 조상이 두 번째 죽임을 당했다며 뜨거운 눈물을 흘렸다. 그들은 복수의 결심을 한결 더 굳게 다졌다.

왕망(王莽)이 개혁할 때 사람을 태워 죽이는 혹형을 만들었다. 이를 '분여지형(焚如之刑)'이라고 한다. 진량(陳良)이 이 형벌을 당했다.

고대인들은 시체를 불태우는 것을 가장 큰 치욕으로 생각했다. 《열자(列子)》는 이렇게 쓰고 있다.

초(楚)나라의 남방에 염인(炎人)이라는 자그마한 나라가 있었다. 염인 사람들은 친척이 죽으면 먼저 살을 발라내고 뼈만 묻었다. 진(秦)나라의 서쪽에 의거(儀渠)라는 자그마한 나라가 있었다. 의거 사람들은 친척이 죽으면 시체를 불태웠다. 시체를 불태울 때 검은 연기가 무럭무럭 피어올라야 효자라 했다. 이처럼 시체를 화장하는 일은 하나의 풍속이 되어 면면히 이어져 내려갔다.

당시 아마도 시체를 화장하는 풍속이 중국으로 전파되지 않았기에 열자는 의거인들의 화장 풍속을 기괴하다고 여겼다. 때문에 화장을 살을 도려내고 뼈만 묻는 풍속과 비슷한 것으로 보았다.

관습이 되어 비정상을 정상으로 여기다

내가 어릴 때 들은 묘한 이야기가 아직도 기억에 남아 있다.

부잣집 마누라는 애를 낳아도 자기 젖을 먹이지 않는다. 애를 낳은 못사는 집 여인의 젖을 먹인다. 가난한 집 여인은 생계를 유지하기 위해서는 자기 애를 굶기더라도 부잣집 애에게 젖을 먹였다. 가난한 집의 여인은 이처럼 울며 겨자 먹기로 자기 애는 미음 따위를 먹이면서 자기 젖으로 부잣집 애를 키웠다.

부잣집 사람은 게을러질 대로 게을러져 자기가 직접 걷지 않고 가난한 사람들이 가마에 태워 길을 간다. 가난한 사람들은 자기가 직접 길을 갈 뿐만 아니라 부잣집 사람을 태워 길을 가야 했다. 이것은 이미 하나의 관습이 되어 누구도 별로 개의치 않는다.

세상만사 중 관습이 되어 사람들이 정상적이라 생각하는 일들이 너무도 많다. 그렇기에 사람들은 그것이 정상적이 아니라고 생각하는 사람이 거의 없다. 이는 참으로 슬픈 일이 아닐 수 없다.

나는 이 의논이 어쩐지 맘에 들었다. 후에 책을 읽다 보니 이 의논은 조이도(晁以道)의 《객어(客語)》에 실려 있음을 알았다. 이제 이를 그대로 적어 후세에 전하고자 한다.

자신의 운명은 예견하지 못한다

《세설(世說)》에 실린 이야기다.

곽경순(郭景純)이 도강한 뒤 기양(曁陽)에 정착하였다. 한 무덤이 강에서 불과 100보 거리밖에 떨어져 있지 않았다. 사람들은 모두 이는 불길한 징조라 했다. 그러나 곽경순은 그렇게 생각지 않았다.

그는 대수롭지 않은 듯 "보시오. 이제 얼마 안 되어 강이 물길을 돌릴 것입니다. 그때 가면 지금 강바닥이 그대로 육지로 될 것입니다"라고 말했다.

아닌 게 아니라 몇 년이 지난 뒤 그 무덤 주변 10여 리가 모두 뽕나무밭이 되었다. 사람들은 곽경순이 풍수나 점에 능통한 사람이라며 선견이 있는 성인으로 모셨다. 그렇다면 그는 무엇 때문에 자신이 왕돈(王敦)에게 살해될 일은 미리 예견하지 못하였는가? 길흉을 먼저 점지했다면 그 자신은 그처럼 일찍 죽임을 당하지 않았을 것이 아닌가!

편액에 길흉이 담겨 있다

고대에 각 주·현에서 내거는 편액(遍額)은 길흉화복과 연관되어 있었다. 그래서 편액을 좀처럼 잘 바꾸지를 않았다. 송(宋)대의 엄주(嚴州, 지금의 절강성 건덕시)의 분수현(分水縣)에 옛 편액이 있었다. 분(分) 자를 초서로 쓴 편액이다.

자기가 총명하다고 자부하는 한 현령(縣令)이 글자체가 서로 맞지 않다며 자기가 진서체로 '분수현(分水縣)'이란 세 글자를 썼다. 이 석 자를 편액에 옮겨 옛 편액을 바꾸었다. 그해에 분수현 경내에 칼을 휘두르며 행인을 강탈하는 무리들이 부쩍 늘어났다. '분(分)' 자를 떼어 쓰면 '입도(入刀)'가 된다. 칼을 든 자가 뛰어든다는 뜻이다. 그래서 화적떼들이 많아졌다는 말이 있다.

휘주(徽州, 지금의 안휘성 읍현)는 산 좋고 물 좋은 고장이다. 그곳은 좀처럼 불이 나지 않는 곳이어서 사람들은 불 피해를 모르고 살았다. 송(宋) 광종(光宗) 소희(紹熙) 원년(1190년), 첨차통판(添差通判) 노용(盧瑢)이 자신이 예서체로 쓴 편액을 만들어 군내의 모든 편액을 바꿨다. 심지어 정자·누각에 단 편액까지 모두 자신이 쓴 것으로 바꾸었다.

그가 쓴 편액은 초먹으로 썼기 때문에 장중하지 못하고 초조한 빛을 띤다고 사람들은 불안해하였다. 과연 이듬해 4월, 느닷없이 현성부(縣城府)의 창고에서 큰불이 났다. 창고의 불은 이틀이나 타올랐다. 이 불로 인해 주변 백성들의 집이 몽땅 잿더미로 변해 버렸다.

듣기만 해도 모골이 송연한 가혹 행위

송(宋)나라 때 간사하고 흉악한 사람들은 돈과 권세를 믿고 세상 나쁜 일, 못된 일을 찾아서 했다. 그들은 사람의 목숨을 파리 목숨보다 하찮게 여겼다. 그렇다고 그들을 문죄할 마땅한 법률이 있는 게 아니었다. 범죄자들을 입건하는 사실에 근거하여 엄하게 처벌하였지만 별로 효과를 보지 못했다.

악인들이 사람을 죽이는 수단은 너무나도 가혹하여 말만 들어도 모골이 송연하다. 이는 민(閩, 지금의 복건성 일대)에서 더욱 엄중했다.

그들은 원수를 잡아 놓고 이루 말할 수 없는 혹형으로 학대하였다. 어떤 사람은 톱밥을 술에 타서 원수에게 억지로 마시게 하였다. 그 술을 마신 사람은 갈증에 시달리게 되어 고생한다. 어떤 사람은 모래를 달구어서 초를 녹여 원수의 귓속으로 부어 넣었다. 이 형벌을 받은 사람은 그 길로 두 귀가 메워져 버렸다.

어떤 사람은 잡아 온 사람을 젖은 깔개로 꽁꽁 감은 후 천에 싼 자갈 띠로 가혹하게 때린다. 이렇게 때리면 맞은 자국은 나지 않지만 맞는 사람은 아파서 견디지를 못 한다. 어떤 사람은 두 어깨를 안마하고 문질러 근육을 느슨하게 한 다음 동침을 견정골에 놓고 뽑지 못하게 한다. 어떤 사람은 작은 낚시를 물고기 배에 몰래 감추어 넣고 잡아 온 사람에게 강제로 먹인다. 낚시를 먹은 사람은 오장육부가 낚시에 찔려 아픔을 이겨 내지 못한다. 그 사람은 이렇게 고생하다가 죽고 만다.

이처럼 사람을 고통에 빠뜨려 못살게 만드는 악법이 많고도 많았다. 겉으로는 아무런 상처를 내지 않기에 상처를 검사해 보지도 못 한다. 악인들의 이런 악행에 대해서는 법적 처벌 장치가 되어 있지 않아 그들을 단죄하지도 못 했다.

언도(顔度)가 전운사(轉運使)로 있을 때 악인들을 문책한다는 공문서를 공포하였다. 내가 건녕(建寧, 지금의 복건성 건구현)에서 태수로 있을 때 악인들의 범죄를 심리한 적이 있다. 오(吳)·초(楚) 일대로 부임되어 가는 관리들은 이런 안건에 신경을 써야 한다. 악인들은 엄벌을 받아야 하고 억울한 사람은 원한을 풀어 줘야 한다.

친구들이여, 서로 믿고 의지하라

군신·부자·형제·부부를 제외하고는 친구 간의 우의(友誼)가 가장 중요하다. 제왕이나 장군, 재상과 같은 존귀한 계층이나 서민 백성 같은 평범한 사람들이나 다 친구의 정과 도움을 떠나지 못한다. 사람들은 누구나 다 평생에 이런저런 일들을 성사하여 일정한 성과를 내고 싶어 한다. 이때 친구의 도움과 뒷받침은 그 무엇보다 필요하다. 《5경(五經)》 전적의 갈피마다에는 벗들의 의리가 한 사람에게 있어서 얼마나 요긴한가를 잘 설명하고 있다.

《시경(詩經)》에 이런 구절이 있다.

이 세상 사람들이 저마다 바득바득 명리(名利)만을 좇는다면 모두 세속에 젖은 소시민으로 되고 만다. 그렇다면 친구 사이의 의리는 완전히 설 곳을 잃고 말 것이다. 이런 사회는 진보할 수가 없다.

《중용(中庸)》과《맹자(孟子)》에서도 같은 도리를 역설하였다.

　　사람을 신뢰하지 않고 친구의 도움을 전혀 바라지 않는 사람은
　　사회에서 진급할 기회나 가능성이 그만큼 낮다.

　　충성과 의리를 지키는 친구를 믿어야 한다.

　상기의 도리는 공자가 평생의 신조로 삼은 말이다.
　공자의 유명한 제자 자로(子路)는 "나에게 거마(車馬)나 좋은 옷
이 있으면 벗들과 나누어 쓸 것이다"라고 말했다. 즉 벗과 함께 고
락을 같이 하겠다는 뜻이다.
　공자의 제자 증삼(曾參)도 이와 비슷한 인생을 역설하였다. 그는
친구 사이는 서로 성실하게 믿고 의지해야지 의심하거나 믿지 못
하면 그것은 벗이 아니라 했다.
　《주례(周禮)》는 사람들이 지켜야 할 인(仁) · 의(義) · 예(禮) 등 6행
(六行)을 역설하였다. 그중 다섯 번째로 마땅히 행해야 할 것이 바
로 믿을 '임(任)'이었다. 즉 친구는 조그마한 의심도 하지 말고 신임
하고 의지해야 한다는 뜻이다.
　한(漢)나라나 당(唐)나라의 역사책을 보면 의리와 신뢰를 앞세

운 유명 인사들이 많았다. 그들의 친구 정분은 우리가 본받아야 할 바이다.

당나라의 저명한 문장가 원진(元稹)·백거이(白居易)·유종원(柳宗元)·유우석(劉禹錫) 등은 성당(盛唐) 시기의 풍운아들이다. 그들은 원대한 포부와 출중한 문학적 재능이 있던 사람들이다. 그들은 나라를 진흥시키기겠다는 포부로 의기투합하여 친밀한 사이가 되었다. 또한 문우(文友)로서도 돈독한 우의를 쌓았다. 그들이 문학적 성취를 거둘 수 있었던 것도 서로의 격려와 충고가 뒷받침되었기 때문이다. 그들은 역경에 처해 있을 때나 고위직에 있을 때나 신의를 저버리지 않았다.

송나라 이전 100여 년 전까지만 해도 친구들 사이에는 서로 의리를 지키는 기풍이 풍미했다. 그런데 지금은 이런 기풍을 찾아보기 어려우니 이 또한 안타까운 일이 아닐 수 없다.

오른 후엔 내려가야 하는 법, 인생의 5단계

주신중(朱新仲)은 자주 아래와 같은 인생을 역설하였다.

한 사람이 이 세상에 태어나 그의 수명은 길지 못하나, 그런대로
일흔 살을 표준으로 한다면 인생에는 다섯 단계가 있다.

열 살 때는 아직 소년 시기이다. 부모의 슬하에서 어리광을 부릴
때이다. 부모들이 먹고 입고 자는 모든 것을 배려해 준다. 모든 것
은 부모가 다 챙겨 준다. 이것을 '생계(生計)'라 한다.

스무 살이면 골격도 굵어지고 지향하는 바도 높아진다. 입신양
명(立身揚名)의 꿈을 꾸고 전쟁터에서 이름을 날릴 야심도 있다.
과거시험에 장원급제하고픈 욕망도 크다. 이는 마치 천리마가
아직 비좁은 마구간에 매여 있지만 늘 천하를 내달릴 그날을 고
대하는 것과 같다. 이를 '신계(身計)'라 한다.

서른부터 마흔까지는 밤낮을 가리지 않고 모든 정력을 쏟아부어

사업에 전력투구한다. 부자가 될 꿈을 버리지 않고, 벼슬자리에 올라 한몫할 생각을 저버리지 않는다. 그리고 집안이 흥성하고 자손이 많기를 바란다. 이것을 '가계(家計)'라고 한다.

쉰 살이 되면 이미 원기가 조금씩 식으면서 한숨부터 나온다. 하늘과 땅을 둘러보아도 이제는 자신의 총명과 재능을 다 발휘하여 남은 것이 얼마 없다. 따라서 생명도 찬란한 시기는 이미 지나갔다. 흘러간 세월은 다시 오지 않고 사라진 청춘은 되살리지 못한다. 이때는 명리심(名利心)을 거둬들이고 길을 여는 칼을 거둬들인다. 누에가 뽕집을 만들 듯 안락한 가정을 꾸리는 데 전념한다. 이를 '노계(老計)'라 한다.

예순이 넘으면 환갑도 지났고 생명도 서산에 가깝다. 머지않아 흙으로 돌아간다. 이때는 마음을 수련하고 몸을 단련하는 데 신경을 쓴다. 신심이 건강해야 마음이 편안하고 편한 잠을 잘 수가 있다. 그러면 일후에 죽어도 여한이 없다. 이를 '사계(死計)'라 한다.

주신중이 인생 5단계를 이야기할 때마다 듣는 청중들은 말하는 이의 기분에 따라 술렁거렸다. 신계를 얘기할 때면 주신중을 따라 환하게 웃고, 가계를 얘기할 때면 흥분에 사로잡혀 손바닥에 침을

탁탁 뱉어 비비기도 했다.

노계를 얘기할 때면 침울한 분위기에 조용했고, 사계를 얘기할 때면 아무런 근심도 없다는 듯 껄껄 웃었다.

주신중의 인생 5단계를 들은 사람들이 그에게 말했다.

"당신의 이야기는 사실 너무 식상합니다."

이런 말을 자주 듣게 된 주신중도 자신의 인생 5단계에 의심이 가기 시작했다.

"난 여태껏 사람들이 때가 되어도 죽길 싫어하는 걸 몰랐어."

내가 남화(南華) 장로(長老)를 위해《대사암기(大死奄記)》를 쓸 때 '인생 5단계'를 알게 되었다. 내 나이 이미 여든을 바라볼 때였다. 그 인생 5단계를 이제는 내 허리춤쯤에 써 달고 다닐 나이이다.

일상생활로 돌아오면 나는 언제나 나다

이 세상에 사는 사람들 중 혹자는 입신양명(立身揚名)을 추구하고 혹자는 부귀영화(富貴榮華)를 인생 목표로 세운다. 혹자는 조상의 이름에 먹칠하지 않는 것을 지킬 뿐이고, 혹자는 또 담백하게 조용히 인생을 살아가는 것을 이상으로 삼는다. 그래서 인생의 도리를 잘 아는 사람들은 부귀영화를 마치 그저 배우들이 출연하는 연극으로 여긴다.

무대 정면에서 부귀영화를 누릴 때면 권세를 그대로 연출한다. 위엄을 보여야 하고 지시나 명을 내려야 한다. 훈계를 해야 하고 문책을 해야 한다. 수하 사람들은 허리를 굽실거리며 '네, 네' 하면서 순종을 보인다.

이 연기를 끝내고 일상생활로 돌아오면 형편이 달라진다. 이 세상에서 당신은 당신이고 나는 나다. 아무리 화려한 한때도 순식간에 지나쳐 버린다. 그저 한때의 감미로운 꿈에 불과하다며 자신을 위로한다.

그러나 젊은 사람들은 이와 다르다. 향락에 심취하여 쾌락을 맘껏 향유한다. 그래도 자신이 향유한 것이 너무나 부족하다고 한탄한다. 그러나 일단 물 쓰듯 돈을 쓰면서 흥청망청 청춘 시절을 보낸 다음에는 후회막급이다.

노인들의 형편은 또 젊은 사람들과 전혀 다르다. 인생의 희로애락을 겪을 대로 다 겪은 노인들은 인생의 기쁨과 슬픔을 태연하게 대한다. 금은보화도 마치 어린애들의 장난감처럼 놀고 끝나면 그만이다. 얼마 전까지도 전력투구하여 한 일도 지나치게 되면 아무런 미련이 없다. 때아닌 불행에 부딪혀도 그것을 마치 술 취했을 때의 일로 치부하면 마음이 편안하다. 남들이 욕하면 그것을 마이동풍으로 해서 넘기면 된다. 술에서 깨어나면 역시 원래의 나로 돌아와야 대범해질 수 있다.

의(義)로 명명한 사람과 사물

'의(義)'란 여러 가지 뜻을 포함한다. 공자는 의(義)를 '인(仁)' '예(禮)' '신(信)'과 같은 위치에 놓고 의를 한 사람의 미덕에서 없어서는 안 될 요소로 강조하였다. 고대에서 '의(義)'로 비유하거나 상징하여 명명한 사람과 사물들이 매우 많다.

공정함을 지키는 것을 의라고 한다. 이에 따라 공정한 스승이란 뜻의 '의사(義師)'란 말이 있다. 정의를 지키는 것도 의라 한다. 그래서 정의를 수호하는 전쟁을 '의전(義戰)'이라 한다. 덕망이 높고 성심적이며 인의로운 것도 의라 한다. 이에 따라 인의로운 임금이란 뜻의 의왕(義王)·의군(義君)·의제(義帝)란 낱말이 있다.

어느 한 대업을 성사하여 백성들에게 유익한 정치를 펼치는 것도 의라 한다. 이에 따라 유익한 교학을 뜻하는 의학(義學), 유익한 밭을 일구는 일을 의전(義田), 유익한 우물을 파는 것을 의정(義井), 유익한 창고를 의창(義倉)이라 한다. 그중 의창은 수(隋) 문제(文帝)

때 성행한 말이다. 해마다 가을이 되면 집집마다 밀이나 쌀 한 섬을 현물로 내어 한 창고에 비축한다. 비축한 식량은 흉년을 대비한 것이다.

또 의학(義學)이란 가난한 집의 자제들에게 등록금을 면제해 주는 학교이다. 의전이나 의정 등도 모두 백성들에게 유익한 성격이 있다.

한 사람이 살아가는 도중에 용기를 발휘하는 것도 의라 한다. 이를 의사(義士)·의협(義俠)·의부(義夫) 등으로 부른다. 의사란 정의를 지키고 진리를 굽히지 않는 사람이다. 의협은 약한 사람을 도와 악한 사람을 단죄하는 좋은 일을 하고도 이름을 남기지 않는 사람이다. 의부(義婦, 義夫)란 정조와 절개를 지키는 여성과 남성을 지칭한다.

의(義)는 '가짜[假]'라는 뜻과 '이어 가다[延長]'는 뜻도 내포한다. 의부(義父)란 의붓아버지요, 의형(義兄)은 결의형제이다. 옷이나 사물에도 '의'자를 붙일 때가 있다. 또 금수 중에서 인류에게 유익한 일을 할 수 있는 동물에게도 '의'자를 붙인다. 이에 따라 개를 두고 의견(義犬), 새를 두고 의조(義鳥), 솔개를 두고 의응(義鷹)이라고 한다.

세상 모든 만물은 시간에 따라 변화한다

천하의 모든 만물은 시간이 지남에 따라 변화한다. 이는 사물 발전의 법칙이다. 정감이 있는 사물이든 없는 사물이든, 지각이 있는 사물이든 없는 사물이든 모든 사물은 시간에 따라 변화한다.

나는 구주(衢州) 사람 정백웅(鄭伯鷹)으로부터 희디흰 한 쌍의 기러기를 선물받았다. 기러기는 순하고 말을 잘 들어 손에서 떼어 놓기 싫을 정도로 귀여웠다. 기러기를 하늘 밖으로 풀어 날려 보내도 다시 날아들었다.

그런데 불행하게도 얼마 뒤 기러기 한 마리가 그만 죽고 말았다. 나머지 한 마리는 외톨이가 되었다. 내 생각에는 거위도 순백색이며 거위의 성격도 온순하니까 함께 어울릴 것이라고 여겼다. 그래서 흰 거위 한 마리를 구해 기러기와 함께 키웠다.

처음엔 기러기와 거위가 서로 거들떠보지도 않고 각기 홀로 놀았다. 모이를 주어도 함께 먹지 않았다. 기러기가 먹으면 거위가 안 먹고 거위가 먹으면 기러기가 안 먹었다. 그래도 나는 모이를 따로 주지 않았다. 이렇게 한 지 닷새가 지났다.

닷새가 지나자 기러기와 거위는 서로 친숙해지기 시작했다. 서로 친숙해진 기러기와 거위는 같은 형제처럼 지냈다. 기러기와 거위는 몸통의 크고 작음만이 서로 달랐을 뿐 그 밖에 색깔이나 비상하는 모습이나 울음소리나 거의 같았다. 시간이 흐름에 따라 기러기는 거위를 닮아 가고 거위는 기러기를 닮아 갔다. 기러기와 거위는 한 둥지에서 나온 형제처럼 서로 같이 잘 지냈다.

세상 만물은 이렇게 시간이 지남에 따라 변한다. 이는 내가 기러기와 거위를 키우며 눈으로 직접 본 일이다.

지금 사람들은 거위를 집기러기라고 부른다. 갈색 거위는 기러기거위라 한다. 가장 큰 기러기를 고니라고 한다. 고니란 하늘 거위란 뜻이다. 이는 기러기와 거위의 형체나 성격이 비슷하기 때문에 붙여진 이름이다.

당태종 이세민 때 토번인(吐蕃人) 녹동찬(祿東贊)이 상주서를 올렸다. 태종의 치적이 혁혁하여 기러기가 하늘을 날더라도 태종의 명성이 퍼지는 것보다는 빠르지 못하다는 내용이 있었다. 따라서 기러기와 거위가 비슷하기 때문에 금으로 만든 거위를 태종 이세민에게 바쳤다. 기러기와 거위는 한 종류에 속하는 동물임을 알 수 있다.

185

아무도 때려잡지 못하는 여우와 쥐의 '복'

고대 속담에 '성벽의 여우굴에 물을 붓지 않고, 사당의 쥐구멍에 불을 대지 않는다'고 했다. 이는 성벽이나 사당은 함부로 다쳐서는 안 되기 때문이다. 과거에 이 속담으로 임금 주변에 간신을 형용한 일이 있다.

　내가《설원(說苑)》을 읽을 때 이런 대목에 유의했다.

　맹상군(孟嘗君)이 문객에게 말했다.

　"보는 사람마다 여우를 때려잡고, 보는 사람마다 쥐구멍에 불을 지핀다고 합니다. 그러나 저는 사직의 여우에 한해서는 때려잡는 것을 보지 못했으며 사당의 쥐구멍만큼은 불을 놓는 것을 보지 못했습니다. 무엇 때문일까요? 그 여우와 쥐는 저마다 그것들을 지켜 주는 곳에 살고 있기 때문입니다."

처한 위치에 따라 현명함의 여부가 갈라진다

불교 경전에 '곤충 같은 작은 동물도 영성(靈性)이 있어 모두 불성(佛性)을 지니고 있다'고 했다.

《장자(莊子)》에서도 '곤충을 곤충이라 하지만 곤충도 하늘과 연계되어 있다'고 했다. 즉 곤충 같은 미물도 하늘과 연관되어 있기 때문에 때로는 인간의 지혜와 기능을 능가할 수도 있다는 뜻이다.

봄누에가 실을 뽑고 거미가 줄을 치며 꿀벌이 벌집을 만들고 제비가 둥지를 트는 것, 그리고 개미가 굴을 파는 것 등은 사람들의 지혜와 기능을 초월하고 있다. 물론 이처럼 사람들의 지혜와 기능을 초월한 그들에게도 행운과 불행이 따른다.

예를 들어 거미가 줄을 치는 일을 보기로 하자. 거미줄을 치려면 처음엔 매달려 갈 줄이 없어 거미가 여간 애를 먹는 것이 아니다. 그러나 일단 한 줄을 건네 놓기만 하면 그때부터는 거미줄을 일사천리로 직조할 수 있다. 경선만 쳐 놓으면 위선은 쉽게 짤 수 있다.

거미줄의 그물코의 크기나 너비 등은 거의 같고 규칙적이며 질서 정연하다. 그러나 문턱 한쪽 귀퉁이나 꽃나무 같은 곳에 짜 놓은 거미줄은 하루도 못 지나 사람이나 바람, 그리고 다른 동물에 의해 망가진다. 사람이 살지 않는 허물어진 벽 귀퉁이나 사람이 드나들지 않는 곳에 거미줄을 쳐야 오래간다.

때문에 계자(季子)는 제비가 천막에 둥지를 트는 것은 위험한 것이라고 지적하였다. 이사(李斯)는 쥐가 변소에서 불결한 것을 먹는데 사람과 돼지가 자주 드나들기 때문에 이 역시 위험한 것이라고 지적했다. 그러나 창고에 사는 쥐는 사람들이 비축한 식량을 개나 다른 동물의 방해 없이 맘 놓고 먹을 수 있어 안전하다. 그래서 이사는 감개무량해서 말했다.

"사람이 현명한지 아닌지 그 여부는 마치 쥐와 같다. 사람이 처한 위치에 따라 현명함의 여부는 달라진다."

이 말에 도리가 없다고 할 수 있을까?

까마귀가 길흉(吉凶)을 알려 준다

북방 사람들은 까마귀가 울면 상서로운 일이 생긴다고 믿는다. 그와 반대로 까치가 울면 불길한 일이 생긴다고 믿는다. 그러나 남방 사람들은 이와 정반대이다. 까치가 우는 것은 상서로운 징조이며 까마귀가 울면 불길한 징조라 한다. 때문에 까마귀가 깍깍 울면 돌멩이를 던지며 먼 곳으로 쫓아 버린다.

《북제서(北齊書)》에 이런 기록이 있다.

하루는 해영락(奚永洛)과 장자신(張子信)이 마주 앉아 한담을 나누고 있었다. 이때 뜨락의 나무에 내린 까치가 깍깍 울었다. 장자신이 해영락에게 말했다.

"까치가 울면 좋은 징조가 아니지요. 아마도 구설(口舌)이나 살신의 화(殺身之禍)가 생길는지도 모르오. 오늘 밤 누가 당신을 부르더라도 절대 나가서는 안 되오."

장자신이 떠난 뒤 고엄(高儼)이 사람을 시켜 해영락을 불렀다.

황제가 소환하니 빨리 입궁하라는 전갈을 보내 왔다. 해영락은 장자신의 당부가 떠올라 말에서 떨어졌다며 병을 핑계 삼아 그날 입궁하지 않았다. 그래서 죽을 변을 넘겼다.

백거이(白居易)가 강주(江州)에 있을 때 〈답원랑중양원외희오견기(答元郞中楊員外憙烏見寄)〉란 시를 지었다.

남궁 원앙지에 난데없이 까마귀 날아 앉았네
옛 친구는 존귀한 사람 비단 휘장에 마주 앉았는데
까마귀 울음소리가 기쁜 소식 전한다며 좋아하네
까마귀가 전하는 소식은 귀향을 재촉하는 거라네
귀향이야 간절하지만 까마귀 희어질 때나 돌아갈는지
미안하네 원랑중이여 공연히 기쁘게 해서 죄송하네

백거이에게는 원진(元稹)의 시에 화답한 〈대취오(大嘴烏)〉란 시가 있다.

늙은 무당에게 간계가 떠올랐는지
까마귀와 대화가 가능하다고 하네
까마귀란 영물이라 보통 새가 아니라며

190

멀리서 봐도 공손히 절을 하네

천년 만에야 한 번씩 이런 영물이 나타난다며

주인의 앞길을 축하해 주는 새라고 하네

이 새가 날아가다 뉘 집에 내리면

그 집의 재산은 날 따라 풍부해진다네

장수에도 좋거니와 무병도 점지해 주고

농사에도 좋거니와 풍년도 기약해 준다네

원진의 시는 아래와 같다.

무당이 말하건대 이 새가 내려오면

재산이 날 따라 늘어난다고 하네

주인은 이 말에 홀딱 반하여

정성껏 까마귀를 불러들였네

까마귀가 내리어 둥지를 트는 걸 보자

이제 이 집에도 운수가 대통이라 중얼거렸네

집주인은 밤낮없이 까마귀 울음에 귀 기울이며

좋은 소식이 있기만 기다리고 있네

《음양국아경(陰陽局雅經)》이란 책이 있다. 이 책은 동방삭(東方朔)이 지은 책이다. 까마귀의 울음소리로 길흉을 점지할 때 먼저 울음소리를 헤아려 본다. 그다음 울음소리의 음색에 따라 방위(方位)를 정한다. 가령 갑일(甲日)이면 첫 울음소리를 갑성(甲聲)이라 한다. 또 두 번째 울음소리를 을성(乙聲)이라 한다. 그다음 열 개의 천간(天干)과 결합하여 음색을 명명한다. 이렇게 길흉의 완급을 분별해 낸다. 동방삭의 해명은 까마귀의 울음소리가 그저 흉할 징조가 아니면 길할 징조라는 설법보다 상세하게 해명하고 있다.

큰일은 오로지 남자만 하는가

한(漢) 문제(文帝) 13년, 제군(齊郡) 태창령(太倉令) 순우의(淳于意)가 범죄를 저질렀다. 장안으로 압송된 그는 형법에 따라 사형에 처하게 됐다. 그의 딸 제영(緹縈)은 그때 열네 살밖에 되지 않은 어린 애였다. 그녀가 아버지를 따라 장안까지 갔다.

그녀는 한문제에게 탄원서를 써 올렸다. 궁궐에 입궁하여 한평생 궁녀로 있을 테니 제발 부친을 살려 달라는 내용이었다. 한문제는 제영의 효심을 어여삐 여겨 순우의를 사면시켰다. 또한 그때부터 형벌 중 코를 베거나 귀를 자르는 형벌을 폐지시켰다.

승상 장창(張蒼)과 어사대부 풍경(馮敬)이 황제에게 형벌에 관한 상소를 올렸다. 죄인이 앞으로 극심한 고통을 받지 않도록 하기 위하여 오른쪽 다리를 자르는 형벌을 사형으로 고쳤다. 그리고 곤장 치기도 300대나 500대로 책정하였다. 그러나 그 많은 곤장에 맞은 죄인은 오래 살지 못하거나 그 즉시 죽는 예도 있었다. 이번 형벌 개혁은 겉으로 보면 인자함을 베푸는 것 같았지만 실은 더욱 잔혹해진 것이나 다름없었다. 그리고 삼족을 멸하는 형벌에 대해서는 감형을 주장하는 탄원서를 올리지도 않았다. 그런 면에서 장창이나 풍경은 좋은 대신이라고 할 수 없다.

제영은 비록 어린 나이이지만 극진한 효심과 비범한 재능이 있는 여자아이였다. 그 위험을 무릅쓰고 자신을 희생하겠다는 탄원서를 냈기에 황제를 감동시켜 부친의 생명을 구할 수 있었다. 황제는 제영의 행위에 감동되어 형법을 고치기까지 하였으니, 큰일은 꼭 남성들만 한다고 할 수 있겠는가?

학생이 스승에게 예물을 바치다

당나라의 법전인 《당육전(唐六典)》에 학생이 스승에게 바치는 예물에 대하여 구체적으로 명기하였다.

"국자학(國子學)의 학생이 처음 입학할 때 아래와 같은 것을 스승에게 예물로 드려야 한다. 비단 한 묶음, 술 한 주전자, 마른 고기 한 뭉치. 이를 속수(束修)라 한다. 태학(太學) · 4문학(四門學) · 율학(律學) · 서학(書學) · 산학(算學) 등 부처에서도 국자감학의 규정에 따라 집행한다."

또한 학교에서 무엇을 배우는가에 관해서도 규정이 명기되어 있다.

"경서를 배우는 학생은 여유 시간에 서예를 익혀야 한다. 그리고 《국어(國語)》,《설문(說文)》,《자림(字林)》,《삼창(三蒼)》,《이아(爾雅)》등을 배운다. 상 · 중 · 하순이 시작되는 전날에 학생들의 학습 성적을 점검하기 위한 시험을 실시한다."

이와 같은 학습 규정이 있어서 당나라의 사대부들은 서예에 능란하였다. 학교에서 서법을 배우고 연습했기 때문이다. 그리고 그들이 배우는 학과목은 임용 시에 참고 자료가 되었으므로 모두 공부를 열심히 하였다. 학생들은 이러한 학습을 통해 글의 구조를 익힐 뿐만 아니라 그 의미를 터득하게 된다.

학생이 스승에게 속수(束修)를 바치는 규정은 다음과 같다. 《개원례(開元禮)》의 기록을 보면 황제의 자손들이 스승에게 속수를 바치는 예절이 적혀 있다. 황제의 아들은 5필의 비단, 두 되의 술, 세 뭉치의 마른 고기를 스승에게 바쳐야 한다.

헌례 의식을 진행할 때 황제의 아들은 학생복을 입고 학교 정문에 도착한다. 이미 준비한 예물을 정문의 서남 방향에 지정해 놓은 곳에 내려놓는다. 그다음 조용히 선생에게 묻는다.

"제가 스승님을 모시고 공부하러 왔습니다. 스승님은 저를 받아들이시겠습니까?"

이때 선생이 승낙하면 속수를 담은 바구니를 황자에게 준다. 황자는 꿇어앉아 속수 바구니를 향해 절을 세 번 올린다.

그러면 스승이 답례를 올린다. 이때 황자가 뒤로 물러선다. 황자는 다시 스승님 앞에 꿇어앉아 선물 바구니를 드린다. 스승이 선물을 받으면 절을 올린 후 물러간다. 이처럼 황자가 스승을 모실 때의 과정과 예물에 대하여 상세하게 규정하였다. 지방의 학생들이 첫 입학할 때도 모두 이런 절차를 밟는다.

공리만을 추구하다 신령을 모독하게 되다

송(宋) 신종(神宗) 때 왕안석(王安石)의 변법(變法)을 실시했다. 이때 어떤 지방 관리들은 천방백계로 백성들의 피와 땀을 긁어모아 국가의 재정을 늘렸다. 또한 이 기회를 통해 사욕을 채우는 데도 혈안이 되었다.

하루는 전국의 변법을 관장하는 기구인 사농사(司農寺)에서 아래와 같은 법령을 공포하였다.

"전국 각지에 있는 신령을 모시는 사당을 일률적으로 개인에게 임대해 준다. 사당을 임대한 사람은 일 년에 정액을 관청에 바쳐야 한다."

관청에서는 지정된 금액의 임대료를 내는 사람이 있으면 사당을 마구 내주었다. 그 사람이 사당을 임대받은 뒤에는 무엇을 하든 묻지를 않았다. 사당은 조상의 신령을 모시는 엄숙한 곳이다. 그러나 사당을 임대한 사람은 그곳을 돈 버는 장소로 만들었다. 상점으로 탈바꿈한 사당이 있는가 하면 아예 장터가 되어 버린 사당도 있었다. 장터나 상점으로 된 사당은 사고파는 소리로 떠들썩했고 여기 저기 오물들이 잔뜩 쌓였다.

응천부(應天府, 지금의 하남성 상구시) 지방 장관 장방평(張方平)이 참다못해 황제에게 상주를 올렸다.

> 응천부의 두 사당은 상황이 특수하온즉 이 재난에서 풀려날 수 없사옵니까? 그중 한 사당은 상고 5제의 한 명인 제곡(帝嚳)의 아들 알백(閼伯)의 사당이옵니다. 다른 한 사당은 은(殷) 주왕(紂王)의 형님 미자(微子)의 사당이옵니다. 알백은 상주 땅을 봉읍 받은 화신(火神)이옵니다. 송나라는 5행설을 신봉하옵니다.
> 송나라는 불의 덕을 입어 나라를 세웠사옵니다. 때문에 마땅히 화신을 숭상하여야 하옵니다. 미자도 상구(商丘)를 봉읍지로 받아 송(宋)나라를 세웠사옵니다.
> 현금의 송조는 고대의 송조를 더욱 마땅히 숭상해야 하옵니다. 그런데 지금 이 두 사당의 형편은 말이 아니옵니다. 일 년에 기껏해야 칠팔백 냥의 임대료를 받고 사당을 별도의 용도로 쓰게 하는 것은 폐단이 너무 크옵니다.
> 소신은 두 사당을 돌려받고 대신 이곳 관청의 돈으로 두 사당의

임대료를 바치려 하옵니다. 속히 하교하여 주시옵소서.

　문제의 심각함을 인식한 신종은 하교를 내렸다.
　"신령을 모독하면 국가가 위험하다. 이보다 더 악랄한 일이 이 세상에 또 무엇이 있겠는가!"
　황제의 어교가 내려지자 이 일에 솔선한 신료들이 식은땀을 흘렸다. 불똥이 발등에 떨어지기 전에 하루빨리 난국을 수습해야겠다고 생각하고 새 법령을 각 지방으로 내려 원래의 법령을 폐지시켰다.
　그 당시 또 이와 비슷한 일들이 발생하였다.
　어느 조대나 전임 황제의 무덤을 매우 중히 여기고 보호 관리에 무척이나 심혈을 쏟았다. 능원을 짓고 보호 구역으로 정하여 누구도 그곳에서 벌목하거나 밭을 일구어서는 안 되었다. 송 신종 때 어느 한 대신이 이를 해금해야 한다고 상주하였다. 그곳의 땅을 주변 농민들에게 임대해 주어 조세를 받으면 국가 재정이 늘어날 것이란 주장이었다.
　사농사(司農寺)의 관원들은 이 소식에 접하자마자 이야말로 좋은 기회라며 그 즉시 해금령을 내렸다. 이 해금령에 따라 당태종 이세민의 능원도 밭으로 개척되었다. 이 때문에 주변의 나무란 나

무는 몽땅 잘리고 말았다. 그러니 다른 황제들의 능원이야 더 말할
것이 있겠는가.

어사중승(御史中丞) 등윤보(鄧潤甫)가 상주문을 올렸다.

조정에는 이전 황제의 능원을 보호하는 법령이 있사옵니다. 그
법령에 따르면 능원 주변의 나무를 남벌해서는 아니 되옵니다.
설사 그곳의 나무를 남벌하여 많은 재정 수입을 보장한다 하더
라도 이는 제례법상에서 어긋나는 일이옵니다. 하물며 지금 능
원 해금에 따른 재정 수입은 사실 얼마 되지도 않사옵니다. 바라
옵건대 하루빨리 하교를 내리시어 관련된 신료들을 문죄하고 해
금령을 폐지시켜 주시옵소서.

송신종은 그의 상주를 받아들여 다시는 능원을 파괴해서는 안
된다는 어명을 내렸다.

이상의 두 가지 사건은 너무도 어처구니없는 괴이한 일이다. 송
신종은 상주문을 받아 보고서야 사태가 심각하게 됐음을 알게 되
었다. 황제들이 전반적인 국사에 매달리려다 보니 때로는 미처 모
르는 일도 있을 법하다.

좋은 일만 보고하고 나쁜 일은 숨기다

송 영종(寧宗) 경원(慶元) 4년(1198년) 요주(饒州, 지금의 강서성 파양시) 지역에 전례 없던 장마가 들어 소낙비가 계속해서 내렸다. 7, 8월에 백성들은 기우제를 지내지 않아도 되었고 모든 농기구들이 뜨락에서 녹이 슬었다. 백성들은 아마도 대풍이 들 조짐이라며 가을의 대풍작을 고대하고만 있었다. 적어도 평년보다 배나 되는 농작물을 수확할 수 있으리라고 기대하였다. 그러나 습지에 밭이 있는 사람들은 흉년이 들어 한숨과 근심뿐이었다.

그런데 하늘의 변화는 그 누구도 예측하지 못하는 것이다. 8월에는 난데없이 병충해가 강서 일대를 휩쓸었다. 농작물의 뿌리와 줄기에 벌레가 생겨 완전히 폐농이 되고 말았다. 노랗게 죽은 밭은 마치 한 차례 불이 지나간 것만 같았다.

화불단행(禍不單行, 재앙은 늘 겹쳐서 온다)이라고 그해 9월 14일, 느닷없이 이른 서리가 내렸다. 아직 채 여물지 못한 만숙종 벼들이

202

된서리에 맞아 모두 폴싹 주저앉아 버렸다. 그렇지 않아도 많은 피해를 입었던 강서 일대에 전례 없던 흉년이 들었음은 두말할 나위도 없다.

각지의 지주들이 지방 장관에게 급보를 올려 피해 상황을 보고했다. 백성들을 돌보는 군수들은 피해 정도에 따라 조세를 감면하려고 했다. 그러나 많은 조정 대신들은 이를 거부했다. 그들은 "법전의 조세 감면 조항에는 상기의 피해에 대해서 규정이 없다. 9월은 서리가 내리는 계절인데 조세 감면이란 당치도 않은 소리다"라고 일축했다. 백거이의 풍간시(諷諫詩) 〈두릉수(杜陵叟)〉에는 이런 구절이 있다.

9월에 내린 이른 서리에 가을이 앞당겨 오더니
작물은 숙성하지 못해 퍼렇게 들판에 서 있네
지방 장관들은 이를 알면서도 상부에 보고하지 않고
오히려 이 궁리 저 궁리 가렴잡세만 올리려 하네

이는 요주의 상황을 극명하게 조명한 대목이다.

나도 송 철종(哲宗) 원우(元祐) 5년(1090년)에 있던 한 가지 일을 지금도 생생히 기억하고 있다.

항주(杭州) 자사로 부임한 소동파(蘇東坡)가 재상 여대방(呂大防)에게 보낸 편지에 절강 서부의 재해에 대한 서술이 있다.

현명한 사람들은 이 말을 듣고 다들 도리가 있는 말이라고 합니다. 그러나 세속에 젖을 대로 젖은 사람들은 사실을 있는 그대로 상부에 보고하지 않습니다. 그들은 상부의 눈치를 보아 좋은 일만 보고합니다. 재해가 있어도 재해 정도를 줄여서 보고하는 것이 지방 하층 관리들의 관습으로 되었습니다.

8월 말 수주(秀州, 지금의 절강성 가흥시)의 수천 명 백성들이 태풍 피해를 보았습니다. 그러나 당지 관리들은 수재나 가뭄 재해만 조세 감면을 내릴 수 있다며 백성들의 탄원서를 거부했습니다. 그 결과 수천 명이 소란을 피워 밟혀 죽은 사람만 해도 11명이나 됩니다. 지방 관리들은 재해가 있다는 말을 가장 듣기 싫어합니다. 열이면 여덟아홉 명이 이렇게 처사하고 있으니 재해 실황에 대하여 새로운 실사가 있어야 할 것입니다.

소동파는 정말로 후덕한 관리였다. 그러나 그도 지방 관리들의 관행에는 대처할 재간이 없어 재상에게 편지로 사실을 알렸던 것이다.

이처럼 지방 관리들이 조세 감면을 거부할 수 있었던 것은 법적 근거가 없다는 이유 때문이었다. 과거 바람이나 서리에 의한 재해 등은 홍수나 가뭄 재해처럼 판단하기 어려워 법적 규정에 명기하지 않았다. 가령 법적 규정에 명기한다면 백성들이 무턱대고 그 조항에 따라 위장 재해 보고를 할 수도 있다는 우려가 앞섰기 때문이다.

지금도 이 조항은 법규로 제정하기엔 사실 어려움이 있다. 그러나 가뭄이나 장마로 인한 재해가 아닌 다른 자연 재해가 발생했을 때 조정에서 실사단을 파견하여 현지 조사를 하는 것은 바람직한 일이다. 조사 결과 확실히 재해를 보았다면 그 경중에 따라 적당히 조세를 감면해야 한다. 그래야만 이재민들이 실질적인 혜택을 받아 어려운 재해의 고비를 넘길 수 있을 것이다. 이는 조정에서 베푸는 인정이요, 또 유랑하며 걸식하는 백성의 어려움도 해결할 수 있어 시끄러운 사회의 소란을 막을 수도 있는 것이다.

용 재 수 필

사회·문화